軽自動車で
ノマド夫婦、移住先を探して南アフリカへ

今夜世界が終わったとしても、ここにはお知らせが来そうにない。

石澤義裕

If the world ended tonight,
the news wouldn't reach us here.

WAVE出版

どうして軽自動車で南アフリカへ？

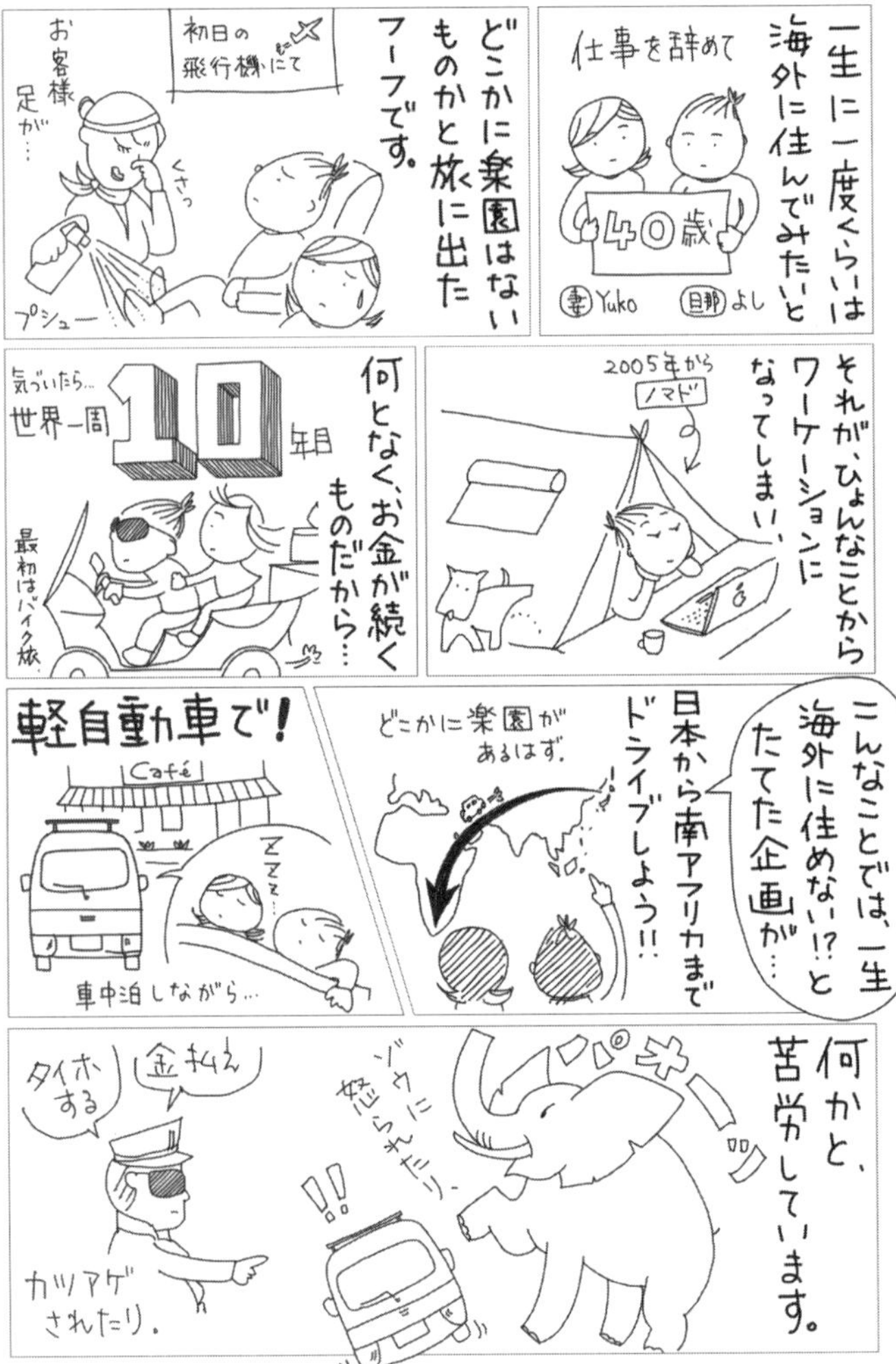

軽自動車で南アフリカへ行こう！

はじめに

金を出せ！

と、よく脅されている。

不良とか半グレではなくて、制服を着た警察官に。

ポロシャツを着ていても油断できないもので、物売りだろうと無視したら、

「逃げんじゃねー！　警察だっ」

五寸釘が一〇〇本くらい刺さった丸太ん棒で、通せんぼをされたこともある。

目があった瞬間に「逮捕する！」と言われたり、裁判所行きだと脅されたりする。

いずれにしろみなさん、生活がかかっているんだ、妻と子を食わせねばならんのだ！　といった懐事情を、厚い胸板と太い腕っ節に込めて迫ってくる。飛んでくるツバが顔に痛いほどの声量だから、いつだって怖くて膝が震えていた。

カツアゲ的警察官は、中央アジアやアフリカに多い。

すべての警察官がお金をせびるわけではないけれど、一日に二四回も呼び止められたの

がわが家の世界記録となった。西アフリカのナイジェリアで打ち立てた。

この記録には迷彩服の兵士も混じっていて、肩に小銃をぶら下げているぶん、恐怖もひとしおだ。鼻の穴から脂汗がこぼれる。が、兵士は怒鳴らない。細い目で見下すだけ。若い衆を呼んできて、ジーンズ姿の彼らが実務にあたるのだ。

「どっから来た？　えっ、日本？　じゃ、消火器を買え！」

「ひとつ三五〇〇〇円」

もちろん消火器なんてお土産にならないから断るけれど、もちろん、はい、そうですかと引き下がってはくれない。しつこい。真後ろにライフル兵士を従えて、どれだけ消火器が優れたものであるかを理路整然と怒鳴ってくる。この消火器売りよりあくどいのが、

「運転手さん、道路許可証を出しなさい」だ。

一般道に許可証？　インチキ書類でしょう。詐欺だよね、ってツッコミたいけれど、機嫌を損ねるとその辺に埋められそうな山の中。涙目でもじもじしていたら、

「許可証を持っていないなら、ひとつ三万五〇〇〇円」

鼻血が吹き出そうな値段を言われた。が、この出血価格より尿漏れ級に怖いのは、

「金を払わないなら、ちょっとこっちに来てくれる？」

ジャングルに連れ込まれることである。これは膝の震えが止まるほど、恐ろしい。

ごめんなさい、お金を払います。謝ろうとしても時すでに遅し。おまわりさんに背中を押されて、大蛇がぶら下がっていそうな密林を歩かされるのだ。

逃げたくてもパスポートを人質にとられていて逃げられない。たとえ、助けてえっ！と叫んだとしても猿しか来てくれそうにない野生の世界。足腰をかくかくさせながら雑草がわしゃわしゃした獣道をゆくと、掘っ立て小屋が建っているのである。

木っ端を寄せ集めたような隙間だらけの壁に、六畳ほどの土間。木漏れ日に埃がたゆたうけれど、決してロマンチックではない。机や椅子がないから、事務所ではなさそうだ。段ボールのひとつもないから倉庫でもないわけで。

くんくんくん……、臭くないからトイレでもない。犬も鶏も豚もいない。

じゃ、なんなの？　部室？　ヤリ部屋じゃないよね？

おまわりさんたちに囲まれて、代わる代わる、ねっとりとした目で愛撫される。ぞわぞわする。耳の穴に「マネ～」とささやかれると、熱い吐息に腰が砕けたもんである。

もうだめ、逝く。操が危ないかも。思わずお尻に力がこもるジャングル拉致事件は、どう取り繕っても嘘っぽく聞こえるけれど、本当の話である。

しかも一度や二度じゃない。どうして、そんな旅になってしまったんだろう？

一生に一度くらいは海外暮らしをしてみたいよね――。

妻のＹｕｋｏとふたり、仕事を辞めて旅にでた。それが二〇〇五年の春。どこかに、安全で暑くなくて景色がよく、すこぶる物価の安い楽園があるに違いないと。図々しいことを言えば、何のスキルもないボクらでもテキトーに働けて、日銭の稼げるところはないものかと。スクーターを買ってアラスカからアルゼンチンまで探しまわり、ヨーロッパやオーストラリア、ニュージーランドと走った。東南アジアにも行った。そんな楽園探しの旅がずるずると続いて、気がついたら二〇一五年の春を迎えていた。台湾で。

なんてこった。驚いた。

一〇年も旅をするなんて！　どうして、そんなことに……。

原因はアレだ、途中でノマドなんてものになってしまったからだ。

日本を離れるときに、「もう、デザイナーを辞めます！」と引退宣言をしたのに、ひと月と経たないうちにクライアントが、

「いまどこ？　アメリカ？　どうせ暇でしょう？　ちょっと仕事しない？」

とメールを送ってきたのが、リモートワークの始まりである。

以降、旅はワーケーションと化し、どこにいても日銭を稼げるようになったので、完全

に初心を忘れてしまった。少しお金が貯まっていい気になっていた。

こんなことでは、一生海外暮らしなんてできないではないか。

Ｙｕｋｏよ、真剣に楽園を探そう。いい加減に旅を終わらせよう！

決意を新たに立てた企画が、

「南アフリカまで、ドライブしよう！」である。

ケープタウンの喜望峰まで行って帰ってくれば、いくらでも楽園は見つかるだろう。よりどりみどりに違いない。景色のよいところに安い土地を買って、とんてんかんと家をセルフビルドして、ちまちまと自給自足でもしようじゃないか。プチ起業も悪くないぞ。

明るい老後が見えた（かに見えた）ボクらは、旅の相棒に軽自動車を買った。普通の白い中古車を。車中泊をして節約するつもりだったのである。が、よく考えたら、別に車中泊だからといって、〝軽〟にする必要はないのだ。というか、海外を走るのに〝軽〟はお茶目だった。

タイヤや部品が手に入らないという致命的な欠点もさることながら、できるだけ目立たないようにこそこそしているのに、やたらとひと目をひいて困る。

「なに、アレ？」「車？」「可愛い～♡」「超～ウケるんだけど」

じいさんばあさんから子どもまで、沿道の人々全員を振り向かせるはた迷惑な存在感が

ために、

「そこの変な車、停まりなさい」

おまわりさんにカモ認定されるのだ。

怒鳴られて、消火器を売りつけられ、あげく森に連れ込まれることとなる。

これがそこそこの高級車だったら、警察官は上級国民かもしれないと恐れをなし、たとえ違反をしていても止められないのに。〝軽〟は小さいから安っぽく見えるし、なにより小汚くてお手頃感にあふれている。よく、馬と交換してくれと頼まれる。一頭だ。


軽自動車を根城にして、八年になろうとしている。

果たしてボクらは楽園を見つけたのだろうか？

めでたく海外移住をしているのだろうか？

そもそも軽自動車なんかで、南アフリカにたどり着けたのだろうか？

探検家たる方々が、地球はもう開拓され尽くしたと嘆いているが、そんなことはなかった。ぜんぜんない、まったくなかった。

探検の素人からすると、たとえ道路があったとしても、火星のように殺伐とした荒野がいくらでもあるのである。前人未到感に満ちあふれた草原、砂漠、寒村、湖や大河のほとり、「ワニ・カバ・危険！　食われるぞ」の看板の前の車中泊は、日本では味わえないスリルとサスペンスを楽しめる。

本書には、そんな写真を自慢げに載せているので、ぜひ、心から羨んでいただきたい。でも、忘れないでほしい。

軽自動車がために、無駄に危険度は増している。

高速道路は走れず、坂道は登れず、道なき道で道に迷い、砂に埋まる。

ジャングルで途方に暮れ、スコップを振り回す男衆に取り囲まれてお金を奪われ、象に叱られた。知らない車に追いかけられ、貧民街に突っ込み、地雷地帯で黒く焦げた車を見て天を仰ぐのだ。

楽園が、三途の川の先にありませんように。

と、祈りながらドライブを楽しんでいただきたい。

二〇二三年一月　いまだ日本に帰れない著者

迷子になっているのかどうかすらわからない（ケニア）

悪徳警察官

賄賂を断ったら
どうなる？

地雷地帯だった
絶対にありえないトイレ

独裁国家の
地獄を探す夜
アフリカのキャンプ場

闇両替えに行って
60万円
貸して泣いた。

すみません、妻が帰って来なくて
両替屋の
行方不明

華麗なお金の取り方

内容
紹介

恐すぎる便所

土地は狭いけど、掘れる家

ガチで
遭難
しました

パンツは脱ぎたくない

ジャングルで酋長を目指す移住

猛獣に食われるか、強盗に埋められるか

毎晩、誰もいない車中泊

寒村で

どうして、ここにう○こが？

本場の牛の糞のこねかた

野宿しようとしたら

その罰金、

知らない人の家に泊まりたくない

発見！
キリンと
カバが来る家

逃げないで白バイ

警察に
書類を
盗られた

詐欺じゃないですか？

大儲け、警察官の副業

慰謝料ください！

もう二度と
行きたくない
ナイジェリア

ジャングルで怒られた

お願い、

感じると困るの

そこだけは

世界一美しい連れションを見た

洗わないで！

後遺症が残った

Yuko

頭蓋骨骨折

海外車中泊事情

[目次]
今夜世界が終わったとしても、
ここにはお知らせが来そうにない。

はじめに
軽自動車で南アフリカへ行こう！ 3

マイ秘境 ロシア
謎なき謎をたずねて二〇〇〇キロ 22

車中泊 ロシア
つるっとしてハッとする闇便 32

冬将軍 モンゴル
嵐の大草原とよく冷える相棒 40

冬タイヤ モンゴル／ロシア
それは無理、絶対に無理 48

ビザ カザフスタン キルギス
船着場でパンツを脱ごう！ 56

闇両替え ウズベキスタン
消えたYukoが巨乳になった 66

If the world ended tonight,
the news wouldn't reach us here.

ATMと米ドル　ウズベキスタン　トルクメニスタン　イラン
知らないと損をする、使えない国と使わない国　74

地獄の門　トルクメニスタン
すみません、独裁国の地獄はどこですか？　82

金融犯罪　イラン
ビックリ価格でトルコ石を買う方法　92

和洋折衷トイレ　イラン
これは大発明、糞闘中でも交代できる　102

洞窟の家　イラン／アルメニア
美人の園で穴を掘ろう！　110

廃墟の家　ジョージア
う◯こさえ気にしなければ、楽園（前編）　118

廃墟の家　ジョージア
う◯こさえ気にしなければ、楽園（後編）　124

アゼルバイジャン 秘湯
正宗、考えたら負けだ！ 132

トルコ クーデター
バンバンバンと銃声を聴きながら 140

ヨーロッパ シェンゲン協定
アフリカ上陸日が決まってしまった 146

アイスランド オーロラ
キャンピングカーの最北端 150

ヨーロッパ 故障
みんな、逝かないで！ 158

モロッコ 遭難
地獄に仏は、右手を出す（前編） 166

モロッコ 遭難
地獄に仏は、右手を出す（後編） 174

モーリタニア 西サハラ 地雷地帯
世界一危険な
デリケート・ゾーンを走れ 182

If the world ended tonight,
the news wouldn't reach us here.

最悪の国境　モーリタニア　セネガル
凶悪犯は巨大な怪魚を握る　192

オーバーランダー　西アフリカ
へそから胃液がダダ漏れする日々　202

野宿　モーリタニア
ラクダの乳で踊れますか？　210

人質救出　セネガル
白バイを尾行して、撒かれた。　216

開拓移住　マリ
ジャングルで酋長になる方法　222

宗教戦争　マリ／コートジボワール　ブルキナファソ
おっぱいとビールと立ち小便　228

コラム　ペルー／ベトナム　メキシコ
風変わりな立ち小便　236

魔法の言葉　ガーナ
右ハンドルは罰金、と言われましても　257

コラム ペルー／ガーナ カナダ
ネズミの脳天かち割り姿揚げと本当に怖い公衆便所 266

洪水 ナイジェリア
金ならいくらでも払う、バナナもあるぞ！ 274

サファリ ナミビア
軽自動車で、ライオンとキリンに会おう 284

お試し移住 ボツワナ
美味しいのはキリンの首 292

仮ゴール 南アフリカ
稚内から二年と四か月も走ると、地球二回転 302

貧民街 南アフリカ
道が狭くなったら、逃げられない 310

If the world ended tonight,
the news wouldn't reach us here.

コラム キルギス カザフスタン 南アフリカ
賄賂の上手な断り方 318

密入国 レソト
天空の車中泊と野ざらしの夜 326

危険なキャンプ場 エスワティニ
カバさんワニさん、頻尿が通ります 334

消えるお金 インドネシア モザンビーク
両替屋の閉店セールに気をつけて！ 340

完全犯罪 マラウイ
猛獣に食われるか、強盗に埋められるか 350

無罪放免 タンザニア
動かぬ証拠を作ってませんか？ 360

金貸し ルワンダ
頼まれてないのに、六〇万円も貸した 368

交通事故 ウガンダ
顔面血だらけのYuko壊れる 376

慰謝料　ウガンダ
交通事故はビジネスチャンス　386

後遺症　一時帰国
またしてもタクシーがやらかした　394

野生動物　ケニア
手を伸ばせば、カバの鼻の穴　398

パラサイト移住　ケニア
マサイ族に牛糞ハウスを学ぼう！　406

税関の罠　ケニア
書類が足りないと言われましても　414

アフリカ脱出　ケニア
港に車をほっぽって、逃げた　422

楽園ランキング　アイルランド　ポルトガル
一度くらい海外暮らしをしたくて、世界一周一五年　430

おわりに
旅を終わらせる旅が、終わらない　440

楽園はあっちかな？

本文中のQRコードから、ショート動画が視聴できます。
道なき道、断崖絶壁、サファリ等々、
軽自動車ならではの臨場感！

編集協力　高橋一喜
装幀・写真・本文デザイン・本文DTP・地図　石澤義裕
漫画　Yuko

※本書に登場する通貨の金額は原則として当時のレートで換算しています。

マイ秘境――ロシア

謎なき謎をたずねて二〇〇〇キロ

二〇一五年のお盆をすぎたころ、北海道・稚内《わっかない》からフェリーに乗った。醤油や味噌、みりんや出汁、米や餅やラーメンを車に山盛り積んで。屋台でもやるのってくらい各種調味料を揃えて。小さな炊飯器を買って。

地図を眺めたところ、南アフリカまでざっと二万キロ。寄り道をしたり、道に迷ったりするだろうから、多めに見積もって片道は三万キロとしよう。となると往復六万キロ。地球一周が四万キロだから、宇宙にはみ出るほど長いドライブになる。

再び稚内の地を踏むまで、二年。いや、コトと次第によると三年を過ぎるかもしれない。楽園を見つけたにしても一度は帰ってくるから、稚内よ、どうぞそれまで御達者で。

船内で配られた無料の幕の内弁当を食べながら、遠ざかる港にしばしの別れを告げた。

それが稚内を見た最後となった。

のっけからネタバレすると、もう二度と戻れないのである。そんな運命とは知らず、フェリーに揺られて五時間半、妻のＹｕｋｏとボクはサハリン島に上陸した。

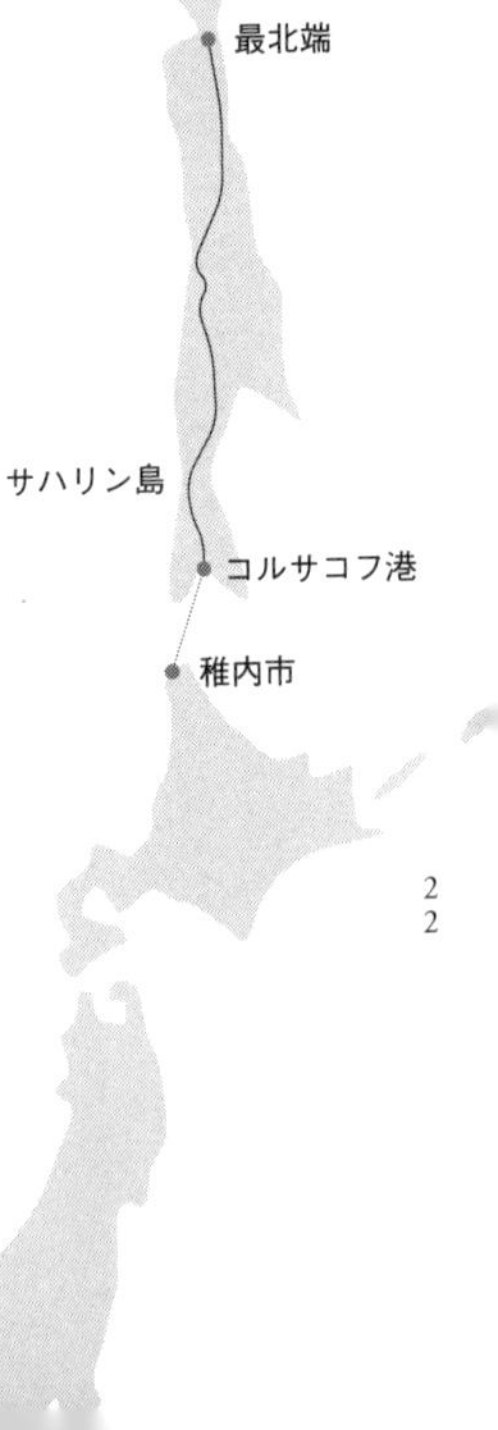

軽自動車旅の一か国目は、ロシア。

これから南アフリカの喜望峰くんだりまで楽園を探しに行くという、たいへんおめでたい旅の門出は、倒産した工場のように辛気臭いコルサコフ港と冷たい雨が迎えてくれた。

まずは、スマホのＳＩＭカードを買おう。

いつなんどき仕事先からメールが届くかわからないから、ＳＩＭはリモートワーカーの生命線である。生業はデザイナーである。スマホにＳＩＭを挿入して地図アプリを開く。

Ｙｕｋｏ、どこへ行こうか？

とは言ったものの、わが家の定番は「島に上陸したら端っこに行け！」と決まっている。地図アプリを覗いていたＹｕｋｏが、

「ここから最北端まで、一〇〇〇キロもあるみたい。大丈夫？」

そんなに遠いんだ。けっこうあるねー。でもこの車、すでに十万キロも走っているバリバリの中古車だから、往復して二〇〇〇キロくらいなら問題ないと思うよ。

「あ、そう。でもね、道路の半分は未舗装みたい」

〝えっ？　ということは日本にあてはめると、東京から九州まで砂利だか土だかを走るってこと？　そ、それはどうだろう？

〝軽〟の分際で、そんなドライブが許されるんだろうか？　パンクひとつでピンチじゃ

サハリン島の楽園度★☆☆☆☆
前人未到感★★★★★
車中泊度★★★★☆

ん。
「しかもね、途中、町とか村がほとんどないみたい」
ってことは、もし故障したら、次の村まで三〇〇キロくらい歩かなくてはならんとか、
そんな目に遭ったりするの？
なんだか、いきなり命がけになってきたけれど、いったい未舗装ってどんな道なんだろ
うってネットで写真を検索したら、砂利や瓦礫より物騒なモノがこっちを見ていた。
クマ。
北海道のより、食い意地が張ってそうな肉食系な顔。それでいて邪気のないお目々。
Ｙｕｋｏ、最北端を目指すにあたって注意事項を決めておこう。
「森のなかで、車中泊をしないこと」
あと、故障だけは勘弁！　ってことで。
ところで、道の端っこには何があるの？
「それがね、何もないみたい。道は海まで届いてなくて、中途半端に切れてる」
道は半島の真ん中でぶちっと終わっていた。山や川や村があるわけでもないのに。
はて、なんでだろう？
これまでの端っこ体験からすると、たいていの端は公園になっていた。

たとえば、南米大陸の道の最南端は公園のモニュメントだった。でも地図帳を頼りに奥まで攻めたら、町外れの一軒家にぶつかった。サハリン島の最北端も、どうしてこんなところに家が？　みたいな民家かもしれない。村八分にあった嫌われ者の家かもしれない。しれないけれど、単なる嫌われ者を目指すとなると二〇〇〇キロも走る気になれないから（その半分は未舗装でクマがいる）、ここはぐっと想像をてんこ盛りにして、夢とか意義とか、怖くない程度にミステリアスがほしい。

巨大なウォールが立ちはだかっているとか、触ると呪われる御神木があるとか、この際、奇人や変態でもいい。なんにしろ地図には載せられない何かが道を塞いでいて、ロシア人が隠しているのは間違いない、のだから。

サハリン島の北の果てに、いったいどんな秘密があるというのだろうか？

謎なき謎を解き明かして、その地を「マイ秘境」と呼ぶのもまたボクらの旅のスタイルである。マイ秘境とは、ボクらしか知らない景勝地、いわくありげな土地のことである。自分でハンドルを握る旅ともなると、道中の九九％は名も知れぬ土地を走り、名もないどこかで飯を食べることになる。が、そこを無名と片付けず、ほどよい理屈をくっつけることによって、なかなか良いところではないか、飯が美味いではないかと感動し、わが家の秘境とするのである。

諸条件を満たせば楽園に昇格するのだから、マイ秘境探しはミッションでもある。

などと、くどくどと屁理屈を並べるまでもなく、サハリン島は全体が秘境だった。

町を外れると人の気配がなくなり、ほぼ無人島。景色的にはさほどの特徴はないけれど、無人島と思えば見るもの触るものすべてが味わい深い。廃墟を覆う雑草は地球が滅亡したかのように猛々《たけだけ》しく美しい。

加えて、世界一親切な人物に出会ったのである。

夕方、「注文の多い料理店」みたいな隠れ家的食堂を見つけた。店にいたおじさんに、「この辺に駐車場はないですかね？　車中泊をしたいんだけど」と訊いてみた。

「駐車場？　ないねー。ホテルじゃダメかい？」「ホテルは高いから」「じゃ、キャンプ場は？」「え、キャンプ場があるの？」「あるよ」ついて来なと言うので、おじさんの車について行った。それがむちゃくちゃ遠かった。砂利道になっても突っ走った。日が暮れても止まらない。もしかして誘拐されてる？　とＹｕｋｏが心配するから、こっそり止まってみた。闇夜に消えたおじさんの車はほどなく戻ってきて、しっかり付いて来いよと怒られた。一回の休憩もなく走るに走った。着いたぞっておじさんが言ったのは、二時間半後！

その距離一四〇キロ。たかが道案内で二時間半の一四〇キロ。すごくね？

東京の新宿で道を尋ねたら、静岡県の富士宮市に案内された親切具合だ。ついぞ日本でそんな親切な人に会ったことがない。恐ろしく迷惑な道案内だった。

おじさんっ、ありがとう！　かたく握手をした。おじさんの親切はギネス級です。絶対に道案内の世界記録です。このご恩は一生忘れません。でも、ここってキャンプ場じゃなくてホテルじゃんって言ったら、ちょっと怒っていた。

その夜は、ホテルの近くの雑居ビルの駐車場で寝た。

翌日の午後、最北端の町オハにたどり着いた。

発電所の煙がそのまま雲となって重くのしかかった、悪霊が取り憑いたような陰気な町だ。この日も適当な駐車場をみつけられず、町外れの廃工場で車中泊した。

あんた、本当はクマじゃないの？　ってくらい巨大な犬が、狂ったように吠えていた。

翌朝は早起きして、いよいよ最北端へ。お誂《あつら》え向きの濃い霧のなか、町を抜け出た。

道路標識がなくなり車も消えた。鳥も飛んでいない。動くものがないから音もしない。謎めいて見えなくもない背の低い森をふたつみっつ分けいった。道がくねくねと曲がり、ぐっと狭くなったと思った矢先、前に進めなくなったのである。

ついに行き止まった。

とうとう来てしまった。

サハリン島の道の北の端っこは――、北の果ては――、その謎は――。と、もったいつけるほどのことはなくて、鉄製のゲートと砂利の山とトラック。採石場だったのである。

驚くほど普通の景色に驚いて声が出ないが、ある意味想定内だから心配は無用である。呪われたりしなかったのは張り合いがないけれど、安全第一でなにより。証拠写真を一枚撮ったあとはすることがなくなってしまった。うろうろしていると叱られそうだから、三分と滞在することなく、来た道を戻ったのである。一〇〇〇キロも。

お疲れさまでした、Ｙｕｋｏ。

採石場を見たという結果だけを語れば意味不明なドライブだけど、無駄に長い距離、未舗装、ほぼ無人島、そしてギネス級に親切なおじさん。人喰いクマの恐怖に謎なき謎の解明と思えば、いい思い出になったよね。

ぜひ、マイ秘境に認定しよう。

今回は採石場なので、楽園に昇格することはない。

さて、なにかと心配な軽自動車。サハリン島に降り立ったときは、あまりにも頼りなく見えて、ちゃんと走るのだろうか？　と不安になったが、特に問題はなかった。

だからと言って南アフリカに行けるとは思えないけれど、残念ながら日本に引き返す理由はない。腹をくくってアフリカへ向かって走りだすことにした。

島の西側にあるホルムスク港からフェリーに乗り、船で一泊。翌日、ユーラシア大陸の本土に渡った。ここからはスペインまで地続きだ。大きな目で見れば一本道だ。

シベリアの広大な大地を前にして、相棒の軽自動車はますます頼りなく見えてきた。

いやホント、大丈夫かな、こんな車で。いつまでもグチグチ言うのもなんだけど。

このたち、ボクらが乗った稚内とサハリン島を結ぶフェリーがニュースにのぼった。

不景気で船が小さくなり、車は載らなくなったとのことだった。

げぇっ、帰れないじゃん！

と焦ったけれど、ウラジオストクから韓国を経由して、鳥取県の境港に着くフェリーを見つけた。

あー、びっくりした。脅かさないでほしい。無駄に股間が震えたじゃないか。

しかし過日、この航路はひっそりと廃止されたのである。

帰れぬ旅は、これからが本番である。

ひと気のない森は怖い。けど、人がいたらもっと怖い（サハリン島／ロシア）
←〈ショート動画〉謎なき謎を求めて森のなかへ！

車中泊―ロシア

つるっとしてハッとする闇便

これから何年にもわたって運命をともにする相棒を、いつまでも〝軽自動車〟と呼び捨てにするのは味気ないので、名前をつけた。

ボクの旅のブログ「旅々《たびたび》、沈々《ちんちん》。」にあやかって、「Ｃｈｉｎ号」とした。

以後、お見知りおきを。

Ｃｈｉｎ号には、組み立て式のベッドを積んでいる。

横幅が一二〇センチで、長さが一五〇センチ。寝るには寸足らずなので、カバンとダンボールで補っている。

軽量化のために枕はない。脱いだ服やズボンを丸めて頭の下に置く。賢い旅の知恵である。けど、丸めた衣服は案外硬くて耳が痛くなるので、賢い人は真似しないほうがいい。

仕事が立て込んでいるとき以外は、基本、車中泊をしている。

昨今流行りの軽バンライフ「海外編」である。

海外の車中泊事情は、国によって大きな違いがある。

シベリアはキャンプ場が少なく、バイカル湖以外で見かけたことがない。が、それでも車中泊天国である。安くて安全、なにより便利なのだ。

ボクらのドライブは、夕方になると街道沿いの食堂に入って、その日の行程が終わる。どれが人気店だろうか、こっちのお店かあっちのお店か？　と悩む必要はない。どの食堂も揃いも揃って立派なくらい鄙《ひな》びているし、メニューも価格帯もほぼ同じ。一食二～三〇〇円と安く、安いなりに値段相応のB級グルメを楽しめる。

Ｙｕｋｏがよく食べたのは、赤いスープ〝ボルシチ〟。ボクは〝カキリエタ〟と呼ばれるハンバーグ。ソースは別料金なので頼まない。単なる焦げたひき肉の塊なのだ。運がよければ饅頭があり、都会に近づくとビーフストロガノフとか、ロールキャベツに出会える。

食堂のおばちゃんは英語を話さないので、手話でオーダーする。

両手を肩の高さで広げて上下にバタバタし、お尻の穴のあたりでボールを握る仕草をしたあとで、斜め下に向かってパっと開く。

これで、卵焼き定食となる。

シベリアの夜は夏でも冷えるので、晩御飯のあとは一杯五〇円のインスタントコーヒー

ロシアの楽園度★☆☆☆☆
前人未到感★★★☆☆
車中泊度★★★★☆

を飲みながら暖をとり、たびたび閉店まで仕事をしていた。

深夜まで粘り、お店の前の駐車場で寝た。

宿泊費は一泊二〇〇〇円前後と安く、無料のところもある。駐車場は泥だらけの単なる空き地だけど、長距離トラックの運転手も泊まるので安全だ。大きな車に囲まれるから、強盗よ、来るなら来てみろ！　ってくらい余裕がある。ある朝なんか、隙間なくトラックに包囲されていて出発できなかった。そのくらい鉄壁なガード力なのだ。

かようにしてシベリアの車中泊は、なにかと口うるさい日本の道の駅より快適なんだけど、ひとつだけいただけないことがある。

トイレ。

臭いとか汚いとか、なんか知らんけど空気が目に染みるとかではない。

どの食堂のトイレも、グラウンドみたいに広い駐車場の一番奥まったところ、この世の終わりみたいな隅っこにある。電話ボックスくらいの大きさで、粗末な木造と決まっている。ボットン式。いわゆる汲み取り式のことだけど、シベリアは広いから、汲み取らないようだ。キャパを超えるまで使って、キャパは穴よりちょっと上のラインで、お尻に触れそうになったら穴を埋める。で、すぐ隣に新しい穴を掘って小屋で囲む。笑かそうとして話を盛っているわけではなくて、ふたつみっつサンプルを見たうえでの報告である。

問題は電線をひっぱる予算がないのか、ロシア人は夜目が利くのか、照明がないこと。夜ともなると〝闇便〟となる。シベリアの闇便はレベルが高いので、気をつけてほしい。

ドアノブがないから戸板の隙間に指を突っ込んでドアを開けると、月灯りに浮かぶ、穴。

コンクリートの床に穴が空いているだけ。このミニマム感はうすら寒い。四角形ではなく、楕円形にしているところに職人の矜持を感じる。けど、そんな暇があるんだったら、棚のひとつでも作ってくれないだろうか。と、提案したいのだ。というのも、ドアを閉めると窓がないから真っ暗になってしまう。懐中電灯とかスマホをどこかに立てかけたいんだけど、とっかかりが一ミリもない。ついでに、トイレットペーパーもない。もし紙があったら、誰かが使った可能性が高いから、一度開いてよく見て確かめたほうが身のためだ。けど、暗くて見えないのだ。かといって嗅いで確かめるのは嫌だ。

男性の小便以外の御用の向きは、懐中電灯かスマホを左手に持ち、右手だけでズボンとパンツを下ろし、ガバっと膝を開いて蹲踞《そんきょ》のポーズをとる。左右にテンションをかけて、床にズボンが落ちないようにするわけである。

かかとの高さまでお尻を落とし、コトと次第にいたるわけである。

問題は、どうやってお尻を拭くか、だ。

右手だけでトイレットペーパーを必要な長さに切って、十分な厚みになるように畳むなんて芸当……、できますか？　しかも一回じゃないよね、拭くの？　何回？

スマホを口にくわえれば両手が使えるだろうと思うのは、現場を知らない机上の空論で、シベリアは秋ともなると床が凍るのである。

昼間、横着な男性が立ち小便をして、その何割かは穴に入らずに床を濡らしている。それは間違いない。何度もこの目で目撃している。いやだって、穴に近寄るとどうしても見たくもないブツが目に入るから少々遠慮したところから放水したいじゃないですか。でも、水圧が低くなると届かなくなるのである。それが夜、がっつりと凍るのだ。

さすがロシアの氷！　と褒めたくなるほどよく滑るのはまだいいとして、勘弁してほしいのは、水はけをよくするために穴に向かって床が傾斜していること。まったく余計な仕事をするものである。だからつるっとしてハッとしたら、間違いなくスマホを落としてしまうってわけ。歴代のロシア人の思い出だか栄養の詰まった、その穴へ。と、トイレ話になるとついつい話が長くなってしまって申し訳ない。続きはまた別の機会に譲る。

車中泊が続いたある日、頭が痒《かゆ》くなってしまった（ヤワな頭でシャワーを浴びないと一週間ともたない)。

どこかに銭湯はないものかとキョロキョロしながら運転していたら、

「あれ、お風呂かも!」

Yukoの指差す方向に、物置に毛が生えたような貧乏くさい小屋があり、看板は裸の子どもと泡のイラスト。銭湯だった。入湯料はたったの三〇〇円。

隣の小屋でお金を払い、ひとつしかないドアを開けて入る。二畳ほどの狭い部屋で競争するように服を脱ぎ、シャワーを浴びて頭をぐしゃぐしゃ洗う。ああ、痒くない〜。サウナでまったりして、シャワーで汗を流し、またサウナに入ってまたシャワー。

ああ、極楽。お股を広げたあられもない姿でいつまでもだらだらと過ごしていた。

シベリアにお立ち寄りの際は、ぜひシベリアンサウナをお楽しみください。稚内からモスクワに向かう途中の右側にあるからすぐにわかると思う。泡のイラストが目印です。

ただひとつだけ気になる点があって、貸切りの家族風呂のようで実は混浴だったかも。

出るときに気づいたんだけど、小屋に鍵がなかったから。

あやうくトラック野郎たちに、Yukoの〝あられ〟を晒すところだったです。

この原稿を書くにあたって、Yukoに闇便における尻拭き問題について尋ねてみたところ、あらかじめポケットに畳んだ紙をいくつか入れてたって。先に言ってよ。

すみません、この道ってヨーロッパに向かってますかね？（ロシア）

南アフリカへ行くというのに、ついうっかり軽自動車を買ったボクらである。

ほかにも何か〝うっかり〟しているのではないかと……。

してました。

冬将軍――モンゴル

嵐の大草原とよく冷える相棒

ユーラシア大陸の本土に渡ってから、ひたすら西へ向かって走っていた。

当面の目標は、中央アジアのカザフスタン。六〇〇〇キロもある。稚内から鹿児島が三〇〇〇キロだから、稚内から稚内までの距離だ。意味がわからなくなるくらい、遠い。Ｃｈｉｎ号なんかでちんたら走っていたらいつまで経っても着かない気がするけれど、〝九時五時休憩一時間〟ペースで時速八〇キロで走ると、たったの十一日で着いてしまう。

案外口ほどにもない距離だから、気をつけて走ろう。せっかく世界一広大なシベリアだ。あとで涙ながらに語りたくなるほど、そのバカデカさをじっくりと味わいたい。

そこで一所懸命に間延びしたドライブを心がけていた。なのにシベリアときたら、車は

ほとんど見かけないし、一匹の動物も出てこない。暇。大雑把すぎる大地は一時間前も一時間後も同じで、気がつくといつも爆走していた。といっても時速九十キロだけど。

いかんいかん、ひと休みしよう。

見晴らしの良いところを見つけては、お湯を沸かす。ずずーっとお茶をすすっては、

「この絶景はボクらだけのものだね」

老夫婦のように背中をまるめて、名もなきマイ秘境を楽しんでいた。めらめらと艶気づいた赤ら顔の森を眺めていると、何か大事なコトを忘れているような気がした。

なんとなく嫌な予感がする。丹田がうずく。はて、なんだろう？

ウラン・ウデという大きな町に近づいたときＹｕｋｏが、

「寄り道しない？」

「ゴビ砂漠にラクダがいるって」

ラクダ？　そりゃ見てみたいねー。

ぐいっと左に曲がってモンゴルに向かった。乾いた土の道にもうもうと砂埃をたてて。

この先、ゴビ砂漠まで二〇〇〇キロもある。往復すると四〇〇〇キロだ。

カザフスタンの六〇〇〇キロにビビっておきながら四〇〇〇キロもの寄り道とは、ボクらも成長したものである。ガソリンスタンドで車中泊しながら南下し、ゴビ砂漠でラクダ

稚内からモンゴルまで 7,076km
モンゴルの楽園度☆☆☆☆☆
前人未到感★★★★★
車中泊度★★★★☆

に会った。が、感動しなかった。道中すでにラクダがたくさん歩いていて、見慣れていたのだ。

でも、まあいいや。それよりYuko、草原で車中泊しようよ。

モンゴルの草原は、スゴいのひと言で片付けられないくらいスゴい。シベリアの大地からすべての木をひっこ抜いたみたいなスケールで、地球のうねうねしたうねりと産毛の生えた地肌が丸見え。とても地球とは思えない超弩級《どきゅう》の大自然に、一度は抱かれて寝たいじゃないですか。

幹線道路を外れて、草原に突っ込んだ。

モンゴルの土地管理は、ガードレールも柵もない遊牧民仕様だから、どこでも自由に走れるのである。似たような土地は南米のボリビアにもある。ウユニ塩湖と、塩湖からチリに抜ける〝宝石の道〟だ。道と名乗っておきながら道はない。瓦礫と砂の原野を、二〇〇六年にスクーターで走り抜けている。という自慢話は置いといて、寄る辺のない草原を、舗装道路から逃げるように走る。はじめのころは、お邪魔します〜と遠慮がちだったけれど、すぐに図々しくなった。ラクダや馬が迷惑そうに逃げてゆく。

ひときわ高い丘に上がり、皇帝のように下界を見渡すと、パリのエッフェル塔まで見えそうな大パノラマが広がっていた。

ふむ、わが輩もひとつ、世界でも征服してみようぞな。

出世欲のないボクでさえ思うのだから、モンゴル人の横綱が続くわけである。

ぜひ、今晩はここで寝よう！　と思ったけど、よく考えよう。

こんな絶景のど真ん中で車中泊なんかしてたら、目立ってしょうがない。

「あそこに変な車がいるぞ！」

騎馬民族の不良どもに目をつけられて、征服されそうだ。チンギス・ハンのように妻を誘拐されても、奪還するのは面倒くさい。Ｃｈｉｎ号が横綱に勝てるとも思えない。

もう少し安全そうなところはないものかと走りまわって、遊牧民の伝統的テント「ゲル」を見つけた。縁もゆかりもないけれど、人類はみな兄弟、守っていただくことにしよう。

あのー、すみませーんと、ドアをノックした。

「このあたりに車を駐めて、ひと晩泊まっていいですかね？」

って訊いたけど、出てきたおばさんは英語を話さず、謎の言葉を口にしている。

こういうときの処世術は、一にも二にもにやにや笑うこと。

次に頭をぺこぺこと下げること。最後にかたく握手すれば、言葉は不要。万事了解！となるのである。なるはずだ。これまで一度たりとも突っ張りを食らったことはないから。ほらっ、おばさんが笑ってくれた。

ありがとう。お世話になります。

丁寧に日本語でお礼を言って、手を振りながらあとずさりをして別れた。

ゲルのお客さんだと思われる程度に離れて駐車し、今宵のねぐらとしたのである。

ちなみにトイレはない。ゲルにもないというから、野となれ山となれ、である。

ゆーっくりと陽が沈み始めた。

狼の遠吠えがあたりを包む——。犬かもしらんけど。

ボクらは窓に顔を押し付けて、遠くヨーロッパを眺めていた。

すぐ近くに羊かなんかの頭蓋骨が転がっていて、こちらを見ていた。


夜中、嵐になった。

丘の上は最高に風通しがよくて、東西の横綱が交互に突っ張りをかましているんじゃないかってくらい、激しく車が揺れた。ゆっさゆっさと。外から見たら、まあ、お盛んねって勘違いされそうで照れくさい。しかしだ、照れてる場合じゃないのだ。

車内はそれどころの騒ぎじゃなかった。

も、の、す、ご、く、寒、い！

今日はじめて知ったのだけど、軽自動車は下からの冷気がハンパない。この車、前世は冷凍車だったのかもしれない。しかも今ネットで調べて知ったんだけど、モンゴルの冬はマイナス30度で普通ってことである。首都ウランバートルは、世界一寒い首都だと威張っていた。

それなのに、ボクの寝袋は夏用だ。十年も使っているからずいぶん羽も抜けていて、装着感ゼロ。ちょっとしたコンドーム。背中は寒いというより冷たく、いや、痛い。手足の筋肉が硬直してきた。でもこの寝袋でアラスカの氷点下も真冬のエベレスト・トレッキングもしのいできたのである。今夜もなんとかなるだろう。という自信は瞬間冷凍してしまった。

すべての服を重ね着しても震えが止まらない。クマさんみたいな冬用の寝袋に包まれるＹｕｋｏの足の裏付近に足の裏を重ねてみたけれど、土踏まずは温かくならなかった。

翌朝、草原は一面銀世界になっていた。

紅葉する森を見て嫌な予感がしていたのは、冬将軍だったのか。

なるほど………。

しまった、冬タイヤを持ってきてないじゃん。

大草原の小さな車。ここの青空トイレは、隠れられない（モンゴル）
←〈ショート動画〉ラクダたちの迷惑そうな視線を浴びながら

冬タイヤ――モンゴル／ロシア

それは無理、絶対に無理

小さな車の中で迎えた、大草原の銀世界。

手足のどこかが凍ってはいまいかとニギニギしてみる。大丈夫、動く。

外に出て、ゲルの番犬と挨拶を交わす。

あ、どうも。

空気は痛冷《いたつめ》たいけれど、朝陽にきらめく雪ん子はほんのり暖かい――、気がした。

冬が来てしまった。まだ九月だというのに、あまりにも早すぎる。

幸い道路の雪は昼を待たずにとけたので、首都ウランバートルへ急いだ。

市場で温かそうなラクダの布団を買ったものの、冬タイヤ《スタッドレス》は見つからなかった。

モンゴルで軽自動車は一台も見てないから、一応、予想どおりだ。

ロシアに賭けるしかない。

ロシアでも〝軽〟なんて見かけていないけれど、それは考えまい。とにかく根雪が降るまえにタイヤを見つけなければ。急げ、ボクら。遊んでる暇はないのだ。

ところで、ウランバートルには日本人のメカニックA氏が住んでいる。当時は宿の隣に工場があったので、夜、ビールで誘い出して、酒の肴にふたつほどアドバイスをいただいた。

ひとつ、Chin号は車高が低い。ボディ下のオイルフィルターが吹き飛ばされないよう、補強したほうがいいとのこと。翌日、アルミのパネルを貼ってもらった。このパネルがなかったら、ヨーロッパにすらたどり着けなかったと思う。地球は穴だらけなのだ。

ふたつ、〝軽〟のエンジンは六六〇ccだから、二〇〇〇ccの三倍頑張っているのである。労をねぎらって、マメにオイルとフィルターを取り替えよう。優しくすべし。

了解です。

少々贅沢だけど、三〇〇〇キロごとに交換することにした。そこで気づいたのだけど、軽自動車のフィルターなんてどこにも売っていなかった。いずれ、どこかで困るに違いないが深く考えまい。解決できそうにないことは、忘れるに限る。

話を戻すと、横綱の突っ張りのごとく降った猛々しい初雪は、小春日和にあらがえず完全に消えた。なにごともなかったかのように、うららかな秋に戻ったのである。

かといって、油断してはいけない。

冬はうなじまで来ているのだ。ボクらは耳につららをぶら下げて通学した道産子なの

バイカル湖の楽園度★★☆☆☆
前人未到感★★★★★
車中泊度★★★★☆

で、そのあたり、冬の到来を告げる雪虫のように敏感である。誰よりも冬の厳しさを知っている。シベリアの冬は、夏タイヤでなんとかなるほど甘くはないであろう。

という危機感は、気温が上がるほどに蒸発し、

「バイカル湖、寄ってく?」

そりゃ、もちろん!

また、寄り道をしてしまうのだった。

一見、軽率な行動のようだけど、実はそれなりに目的がある。

一度、世界一透明だというバイカル湖の名水で、至高のご飯を炊いてみたかったのだ。

湖畔にＣｈｉｎ号を駐めて、さっそく水を汲んでみた。

緑色だった。

藻がもじゃっていてヌルヌル。推定透明度五センチ。しかも臭い。

これでは炊き込みご飯になってしまう。

ボートに乗って沖に出ないと、透明な水は手に入らないのかもしれない。

誰かボートに乗せてくれませんか?　って頼みたいけれど、あたりを見渡しても誰もいなかった。いつのまにロシアは滅亡したんだろう?　ってくらい人の気配がない。動物の姿もない。鳥も飛んでいない。シーンって音が見えそうだ。命知らずのロシア人すら寄り

付かないほどのオフシーズンだから、秋の夜長を楽しむと凍死しそうなくらいしばれるのかもしれない。これはうかうかしていると、明日にでも雪にたたられるかもしれん。

Ｙｕｋｏ、炊き込みご飯を作ってる場合じゃなか。一刻もはやく都会へ行って、真剣にタイヤを探そう。

「だね。急がなきゃ」

「ところで、バイカル湖に島があるって知ってた？　パワースポットだって。行く？」

だーかーら、そんなことをしているとヤバいって。とか言いながら、フェリーに乗って島に渡ったのである。天気がいいものだから、すっかり道産子魂が緩んでしまって。

しかしだ、オリホン島は行く価値があった。

車中泊ライフを志す者ならば、一度は訪れねばならぬ聖地ではないかと思う。

一メートルの舗装道路もないざっくばらんな島は、無粋なガードレールの類はなく、道と轍の境界線もはっきりしない。断崖絶壁から落っこちるまで自由に走れる。本当に。

例によってひとりのキャンパーもいないから、湖畔、松林、崖の際、丘の上と、無人島に漂着したかのように、好きなところで車中泊できる。けど、哀しいかな頻尿のわが身。どう頑張っても、トイレの半径二五メートルからは離れられないのが無念であった。

とはいえ、ボクらが愛用したトイレは素敵《ハラショー》だ。

後世に語り継がねばならないのではないかと思うくらい個性的で、後にも先にも類似品は見たことがない。

湖畔から少々遠慮したところに建つ、電話ボックスサイズの木造トイレ。

秀逸なのは、一度しか書かないので耳の穴をかっぽじってよく読んでほしいのだけど、ボットン式の穴が、小屋より大きいのである。穴は、小屋の後方に一メートル半くらいはみ出していた。柵も蓋もなしで。安全対策ゼロという潔い危機管理で。

どうして、そんなことになってしまったのか。

小屋を作った工務店と穴掘り業者の打ち合わせが足りなかったのか。よくわからないけれど、これだけは言える。誰かが使用中でも外から参加できる。頑張れば数人同時に使える。四人くらいいけるかも。

意外な効用に感心したが、シベリアの常として照明はなかった。

すぐ目の前のバイカル湖にはロマノフ王朝の財宝が眠っているというのに。どこまでもケチくさい闇便なのだ。

しからば夜、「見上げてごらん、星が綺麗だよ」なんてことをぬかしておると、穴に落っこちてもれなく〝ウン〟まみれ。だからパワースポットなのかも。

霊験あらたかなウ○コ島を出た翌日、ウン悪く吹雪に巻き込まれてしまった。

耳につららが下がりそうな勢いで雪が積もってしまい、峠のてっぺんでにっちもさっちもいかなくなった。このまま山に閉じ込められたら、春まで発見されない自信がある。そんな雪山で夏タイヤ。試しにアクセルを踏んだら、つるーっと滑った。

落ちつけ、慌てるな、「誰でも簡単装着！」とかいうチェーンがあるではないか。えーと、どうするんだ、こっちからあっちにチェーンを通して、そっちにまわして、あれ、むちゃくちゃ鎖が余る。がふがふだ。走ったらすぐに抜けそうだ。どうして付けられないんだろう、頭悪いんじゃないか、あんたの旦那？　ということはＹｕｋｏに言えなかった。

除雪車がやってきたので、すぐ後ろに張り付いて脱出したのだった。

翌日、取るものもとりあえずノボシビルスク市で一番大きなタイヤ店を訪ねた。

カウンターのお兄さんがパソコンにタイヤの型番を入力し、

「そのサイズだと取り寄せになりますね、ひと月ほどかかります」

ひと月っ！

それは無理。絶対に無理。無理ったら無理。

ロシアのビザが切れてしまうんです！

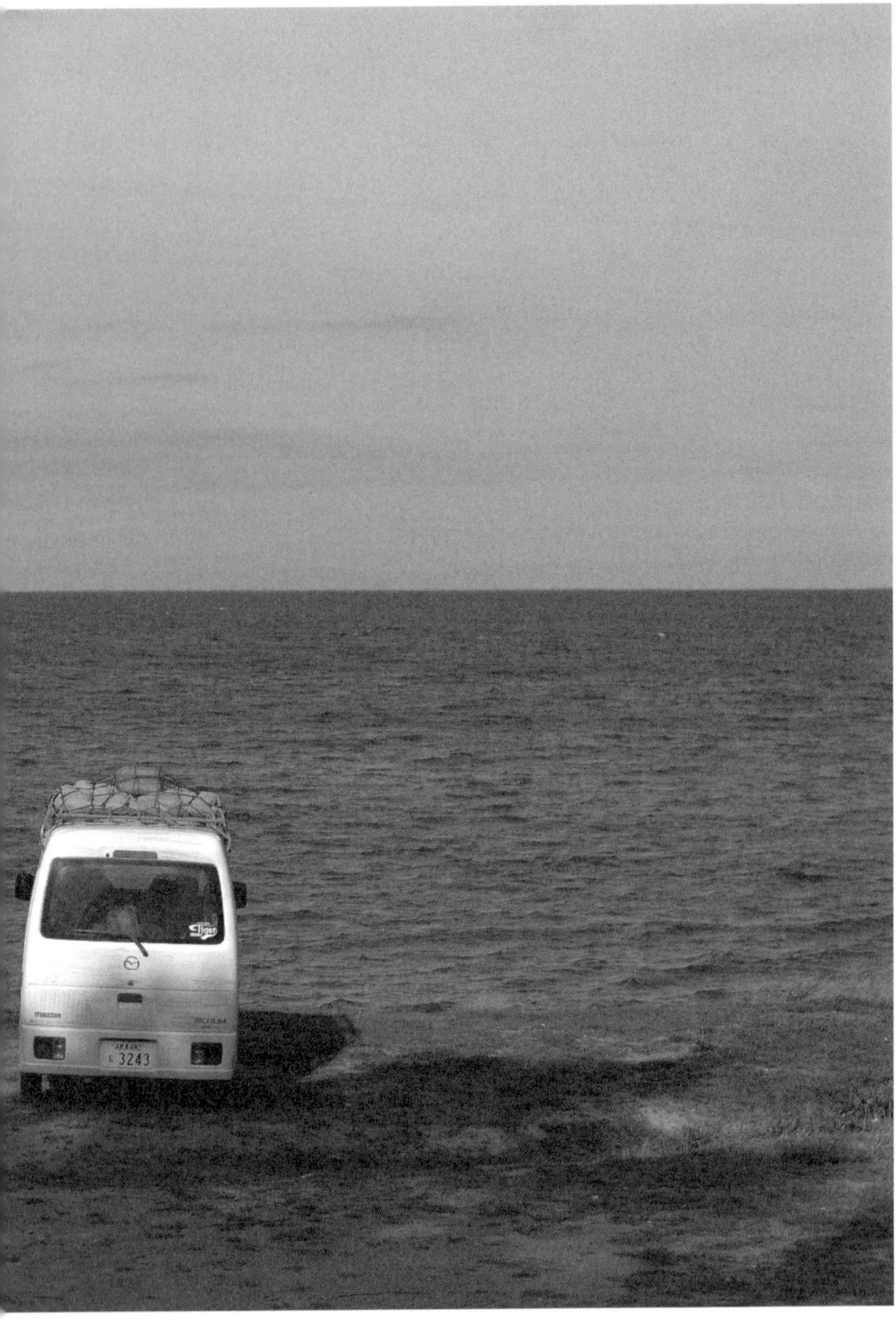

夜、満潮にならないですよね？（バイカル湖／ロシア）

ビザ ― カザフスタン／キルギス

船着場でパンツを脱ごう！

ノボシビルスクのタイヤ店のお兄さんは、親切な人だった。

ボクらが、ひと月も待てないですううう～、ビザが切れるんですううう～と悶えまくったのがよっぽどうっとうしかったのか、個人売買のサイトをあたってくれた。

「売ります買います」サイトを検索しまくって、やがて、ひとりだけ怪しげなオヤジが出品しているのを見つけだした。

ありがとう。さっそくお兄さんが書いた読めもしないキリル文字を頼りに、この世の果てみたいな郊外へ走った。道に迷いまくって、すっかり遅くなった。

待ち合わせ場所は、空き地だった。

深夜だというのに、こんな麻薬の取り引きにしか使えそうにない、街灯もないところを指定するなんて非常識だ。と文句のひとつでも言いたいが、マフィアの下っ端みたいなオヤジが立っていた。

意味もなく謝りながらお金を払った。手が震えていた。

その三日後、どかどかとドカ雪が降ったので、ぎりぎり旅がつながったのだった。ところで何度もしつこくて申し訳ないが、アフリカを走るというのについうっかり軽自動車を買い、うっかり冬タイヤを買い忘れたボクらである。

まだ何かありそうな気がする……。

あるのである。

真新しい冬タイヤをはいて、ドカ雪舞い散るカザフスタンへ。

カザフスタンなんてその名を知ってたかどうかも思い出せないくらいの国だから、何ひとつ期待していなかったけれど、意外に好印象である。

滅多に車と出会うことのない幹線道路は、マイペースで走れて気が楽だ。

見渡せないくらいだだっ広い青空は、何百回も核実験をしたわりに、空気が美味い。

警察官の賄賂攻撃はうっとうしいけれど、案外、淡白だ。糊《のり》が効いた制服をビシっと着こなしているし、小銭をねだって断られたくせに、去り際が堂々として爽やかだ。

ガソリンスタンドで車中泊すると、

「屋根に積んでいるタイヤ、夜は盗まれるかも。気をつけてね」

人々も親切だった。

稚内からカザフスタンまで 12,938km
カザフスタンの楽園度★★★☆☆
警察の賄賂度★★☆☆☆
面白い度★★★★☆

稚内からキルギスまで 15,160km
キルギスの楽園度★★★★☆
警察の賄賂度★★★★☆
外食度★★★★☆

アドバイスに従ってタイヤを車の中に入れたら、ただでさえ狭っ苦しいＣｈｉｎ号。四季折々の荷物の隙間に大人ふたりが折り重なるように寝ていて、そこにタイヤが六本だ。異常なほど寝苦しい。どんなに仲の良い夫婦だってこの人口密度は耐えられないと思う。ましてや脂肪分たっぷりな倦怠期のボクらだ、勘弁してほしい。しかもゴム臭い。

カザフスタンは、資源大国だからかどことなくゆとりが感じられて居心地がいいのである。二〇一五年当時は、ビザなし入国は十四日間しか滞在できなかった。

どうだろうＹｕｋｏ、一度キルギスに出るとして、もう一度戻ってこようか？

「それ、いいね。ビザなしでも出たり入ったりできるのか調べてみるね」って言ったＹｕｋｏが、とんでもないことを発見してしまった。

ボクらのパスポート、五か月後に切れるじゃないですか！

この先、イランとかトルコに行っても、旅券残存有効期間なるものが足りなくて、入国できないのである。門前払いを食らうのである。ヨーロッパまでは、前後左右隙間なくビザが必要な国に囲まれているので、動けなくなれば旅が詰んでしまう。なんてーこった。

Ｙｕｋｏ、カザフスタンは諦めよう。

キルギスの首都ビシュケクに入り、日本大使館を訪ねて、新しいパスポートを申請した。出来上がりは、ひと月後。その間、外国旅行は禁止とのことである。

突然、暇になってしまった。何をしよう？

キルギスは旧ソ連の一派だから楽園があるとは思えず、これといって興味はなかったけれど、思いがけず、楽園度が高かったのである。

まず、物価が安い。

首都ビシュケクは、テキトーにバスに乗ってあらぬところに迷い込んでも、テキトーにバスを乗り換えればなんとかなりそうな、手頃な大きさである。

イスラム圏だけど、豚肉やお酒に苦労しない。白菜が買えるので鍋料理ができる。

そこそこのレベルのカフェがそこかしこにあって、ハンバーガーが美味い。中華食堂も嬉しい存在だ。街灯が少なくて夜道は森のように暗いけれど、強盗に遭うその日までは安全そうである。

狭い町を散策し、寒い日には鍋を囲み、楽園ぐあいをまさぐって過ごしていた。

ひと月後、新しいパスポートを受け取った。

実は、これからひと仕事ある。

中央アジアを移動するときは、あらかじめ各国のビザ取りをしなくてはならない。

これがやたらと面倒くさいうえに、あろうことか、非協力的な国もあるのだった。

一か国目は、ウズベキスタン。

町外れの大使館を訪ねた。独裁国家にビザを申請するのは初めてだから、緊張する。

ドレスコードに引っかからないよう（たとえば、短パン、サンダルはご法度だ）、一〇年以上着ている一着しかないパーカーを一張羅のように着こなす。決して機嫌を損ねることのないよう、いつもより深い角度でペコペコして、書類を提出した。

これといって難癖をつけられることもなく、一週間後、ビザを頂戴した。

独裁国家の次は、悪の枢軸国イランだ。まったくこのあたりはロクな国がない。

イランはややこしい国で、ビザを申請するために、先にインビテーションなるものを申請しなくてはならない。その発行にひと月もかかるという。

けど、いやらしいことに、特急料金を払えば三日で済む。さらにお金を積めば、ビザもセットで付いてくる。便利じゃん。しかし、お金と時間を天秤にかけるところが憎たらしい。労せずに儲けさせてたまるか！　と持ち前の反骨精神を煮えたぎらせて、

「最短でお願いします」素直にお金を積んだ。

独裁国家→悪の枢軸国と続いて、次なる国は〝中央アジアの北朝鮮〟である。

これが最大の強敵だった。

難攻不落の大使館、ここにあり。

申請書類を受け取っておきながら、なんだかんだとビザをくれない。

朝一番に電話をすると、艶っぽい声をした女性が、昼にかけ直せと言う。昼にかけると、夕方。夕方に電話をすると、翌朝だ。

ときどき、「そのまま待て！」と犬のように制されて、二度と出てくれなかった。鬼。

この一日三回の電話をストーカーのようにかけさせられた。

で、六〇回以上電話をかけた三週間後、心が折れた。

もういい。トルクメニスタンなんか行くもんか。

いいですか、よく聞いてください。今まで一度だってトルクメニスタンに行きたいと思ったことはないのです。

国名だって知っていたかどうか、怪しいくらいです。単なる通り道なだけなんです。どうせ楽園なんかないでしょう？　頼まれたって行きません！

Ｙｕｋｏ、プランＢでいこう！

トルクメニスタンを避けるとなると、カザフスタンに戻ることになる。

カスピ海を船で渡れば、アゼルバイジャンへ行ける。

ところがアゼルバイジャンの船着場の国境は、恐ろしく評判が悪かった。ご禁制の品を探してパンツのなかまで調べるという。確かに、ボクのパンツのなかはご禁制っぽいものがなきにしもあらずだが、お見せするほどの如意棒ではないから照れくさい。

しかも、カスピ海はそうとう荒れると聞く。

ボクは、船に弱い。

オーストラリアで「ジンベイザメと泳ごう！」ツアーに参加したときは、一万円以上払ったというのに、一秒も海に入らなかった。船が動いた瞬間からツアーが終わるまで、床に倒れていたのだ。外人さんたち、みんな笑っていた。

だから、カスピ海案はボツにしたい。


プランCは、カザフスタンを通り抜けてロシアを走る。

このルートは裸にならないし、船にも乗らないけれど、ひとつだけ大きな問題がある。

ロシアのビザは日本でしか発行してくれないので、不可能なのである。

それじゃあ、帰国するときはどうすんだ？　って話だけど、それは今後の日露関係に期待を寄せていて、いまは考えないことにしている。一所懸命忘れている。思い出すと胃が痛くなりそうなので。

というわけで、プランDを立てた。

ウズベキスタンに入り、首都タシケントにあるトルクメニスタン大使館で、もう一度ビザを申請する作戦である。

とはいえ、すでに一度キルギスの大使館で申請書類を出し、無断で放棄している。六〇回以上電話をしたあげく、ほったらかした。

怒ってないですかね？

二重請求になってしまうけれど、許してくれるだろうか？

中央アジアの北朝鮮と呼ばれる国が、許してくれるとは思えないのだけれど……。

「断られたら、カスピ海でパンツを脱ごう！」

股間に力をこめた。

ガードレールがないから、あっちこっちで路肩に車が落ちていた（キルギスとウズベキスタンの間）

闇両替え―ウズベキスタン

消えたYukoが巨乳になった

実はさきほどから、エライことになってしまったんじゃないかと狼狽《うろた》えていた。

日本に住む義母になんて報告したものかと、頭のなかで詫び状を書いていた。

Ｙｕｋｏが闇に消えたまま、戻ってこないのだ。


なんだかんだと五〇日以上も滞在したキルギスから、ウズベキスタンへ向かった。

普通のルートを辿れば、このあたりで一番評判の悪い国境が待ち受けている。

ヨーロッパ人を泣かせるほど、あくどいらしい。銭ゲバ国境だ。

噂を聞くだけで胃がむかむかする。そんなところには行きたくない。

そこでボクらは考えた。都会だから世知辛くて、金の亡者なんじゃないかと。

田舎へ行けば、職員は純朴でスレていないんじゃないかと。

で、地図をじっくり見て研究し、こんなところに国境はないだろ！　と百人中千人が断言しそうな辺鄙なところを狙ってみた。限界集落を超えた僻地だ。

ヨミは見事に当たって賄賂は一銭も要求されなかったけれど、ふたつ誤算があった。

ひとつは、久しぶりのお客さんだ、よう来なさったとばかりに職員が張り切ってくれたこと。パソコンやハードディスクの写真を一枚一枚丁寧にチェックしだした。パソコン二台にスマホがふたつ、ハードディスクが三つに、ＤＶＤが腐るほどあるから徹夜しても終わりそうにないってなかなか気づいてくれなくて、遅くなってしまった。

国境を抜けたときには、夕闇が迫っていた。

そしてもうひとつ。

なんせ田畑のど真ん中にある田舎すぎる国境なので、両替えができなかったこと。

米ドルをウズベキスタンのお金に替えないと、宿に泊まれないどころか飯も食えない。車で寝ようにも、ウズベキスタンはソ連時代の慣習が残っていて、外国人は宿から滞在証明書を受け取らないとならない。車中泊なんかしていると、スパイ扱いされてしまうのだ（捕まってみないとわからないけど）。

国境から一番近い町に着いたときには、すっかり夜になっていた。

半端なく暗かった。

市民サービスに関心のない独裁国家だからか、街灯が一本もないという町づくりだ。

全体像もディテールもわからない暗闇が広がり、正直、村なんだか町なんだかもわから

稚内からウズベキスタンまで 16,509km
ウズベキスタンの楽園度☆☆☆☆☆
親切度☆☆☆☆☆
遺跡に感動した度★★★★★

ない。ただ一か所だけ、車のライトが集まっていた。

小型バスが客引きをしている交差点だった。

よそ者だとバレないように、そーっと近寄って、ライトに浮かぶ通行人を眺める。

見え隠れする顔のなかから、この人になら騙されてもいい！　と運命を委ねられるくらいの善良そうな人を探し出して、

「〝闇〟の両替えはどこですか？」と訊かなければならない。

というのも、ウズベキスタンは、公定レートで両替えすると詐欺のようにぼったくられるから、両替えするなら〝闇〟なのだ。

暗闇に浮かぶ顔を品定めしていると、こう言っては誠に失礼なんですが、生まれてはじめて見るウズベキスタンの皆様方は、腹に一物を抱えたようなマッドマックス系のお顔立ち。女性でさえも武闘派に見える。一般市民とは思えないくらいに肩幅が広く、目つきが鋭くて信用できない。貧乏くさい地味な外套が、これまた恐怖心を煽ってくれた。

とてもじゃないけれど、「わたくし、大金を持っています」と告白するようなことは憚られるアウェー感だ。

ウズベキスタン語はひと言も話せないし、そもそも知らない人に話しかけるほど社交的な性格ではないし、それに路駐しているから車から離れられないし……、ボクは。

という事情を考慮して、闇両替え屋を探す担当はＹｕｋｏとなった。

「えっ、わたし？」

多少、驚いていたような気がしなくもないけれど、そこは見なかったことにしよう。

「い、行ってくるね」

若干、ドモりぎみだったので励ました。

心配することはないよ。みんな優しそうな顔してるし。元気だして！

肩甲骨に不安を残して、Ｙｕｋｏは闇に消えていった。

…………。

…………。

…………。

そしたら、待つこと十五分。いや、二十分？

いつまで経っても帰ってこない。このまま行方不明になったら、日本の義母になんて報告したらいいのだろう。メールじゃダメだろうか、と頭を悩ませていたというわけ。

が、やがて戻ってきた。青年をひとり引き連れて。

若いころは荒れていたけれど、いまは真面目にやってますって感じのヤンキー顔。黒いゴミ袋を煮しめたような革ジャンにジーンズ。つまり、まったく信用に値する風体じゃない。

チェンジ！　って言いたいけれど、Ｙｕｋｏが許してくれそうになかった。

勘弁してくれよ、と思いながらも、しぶしぶ彼に四〇米ドルを渡した。

彼がくれたお金は札束で、え、札束？　厚さが二センチ以上もあった。

な、なんで？　たった四〇〇〇円ちょいだよ、なんびゃくまいあるの？

「一〇〇〇ソム札で、二〇〇枚」

に、にひゃくまい？

ああ、なんてこった。新聞紙が混ざっているかもしれないじゃないか。

ってか、このお兄さん、偽造紙幣とか作りそうな顔をしているし。

一枚ずつ確かめないとならなくなった。検品だよ検品。けど、街灯のない墨汁みたいな町角だから何も見えないじゃない。懐中電灯で手元を照らす。

暗闇にぽっかりと札束が浮かんだ。

町中の人が振り向いた。

闇夜の闇両替えから三週間後、今度は昼間の闇両替えに出かけた。

祭りでもやってんだろうかってくらい賑わっている市場へ。

雲ひとつない快晴だから、危険はなさそうである。

ところがまたしても両替え担当のＹｕｋｏが、帰ってこなかった。

このまま戻って来なかったら日本の義母になんて報告したものか、メールじゃダメだろうか、大使館に連絡すべきだろうか、新聞になんて書かれるのだろう……。

『世界一周中、妻行方不明。旦那は元気』

いやだなあ、そんなことを書かれたら。頭を抱えていたら八百屋のオヤジが立ち上がった。

「あんたの奥さん帰ってこないね。心配だから探しに行こう！」

縁もゆかりもない八百屋のオヤジが捜索を買って出るくらいだから、そうとう事件性が高いのかもしれない。

オヤジと手分けして市場を探しまわっていたら、路地からひょこっとＹｕｋｏが現れたのである。いや、Ｙｕｋｏのようでｙｕｋｏでない。

巨乳なのだ。

札束を一〇個、胸に隠していた。

家畜だか野生だかわからないけど、育ちの良さような親子（ウズベキスタン）

ATMと米ドル――ウズベキスタン／トルクメニスタン／イラン

知らないと損をする、使えない国と使わない国

旅先のことは、旅先で知るようにしている。

どんなに些細なことでも、現地で、ああ、そうだったのかとカラダで知ったほうがいい。ときとして驚きがあり、味わいがある。

また、この手の無謀な旅は、事前に調べれば調べるほど不安になってやめたくなるから、〝知らぬが仏〟がいい。〝知らぬと仏〟になるかもしれんけど。

現金は、旅先のATMに日本の銀行のカードを入れて、現地のお金を下ろしている。

キリル文字が書かれたロシアのATMに日本語のカードを入れても、ちゃんとルーブルが出てくる。日本円は出てこない。マシンはボクらより頭がいいのだ。

シベリアのクラスノヤルスクという町で、一度だけ、ルーブルどころかカードも返さなかった頭の悪いATMがあったけれど、おかげで大切なことを教わった。

お金を下ろすなら、昼間がいい。

日が暮れてからトラブると途方に暮れる。っていうか、暮れまくった。

中央アジアでは、ふたつのことを学んだ。

ひとつは、ＡＴＭを使わない国と、使えない国があること。

もうひとつは、アメリカと仲が悪そうな国でも、米ドルが必須だったりすることだ。

たとえば、ウズベキスタンはレートの良い闇両替えがあるから、現地通貨が出てくるＡＴＭは使わない。そして、闇両替えするために米ドルは欠かせない。

お隣のトルクメニスタンのＡＴＭは、日本の銀行カードは使えない。米ドルを両替えすることになるので、ここでも米ドルは必須だ。もし万が一米ドルがなくなっても、クレジットカードでしのげる。

さらにお隣のイランは、ＡＴＭどころかクレジットカードも使えない。

カフェにＶＩＳＡやＭＡＳＴＥＲのシールが貼ってあっても、あれは単なる飾り。オシャレなのだ。信じるとヒドい目に遭う。っていうか、遭った。

イランのお金を手にするには、米ドルを両替えしなければならないのだ（ユーロも使えるけど）。あれだけアメリカと仲が悪いのに、解せない懐事情である。

なんにしろ、ボクらのドライブコース「ウズベキスタン→トルクメニスタン→イラン」は、米ドルが命綱なのである！

大切なポイントなので繰り返すと、米ドルがないと旅ができないのである。

という非常に重要な情報は、準備不足を自慢するような〝知らぬが仏〟派なもので、まったく知らなかった。キルギスあたりでようやく、

「このあと、ATMが使えない国があるらしいから、できるだけ米ドルを下ろしといたほうがいいかも」

Yukoが言ったけれど、なぜかピンっとこなかった仏である。

首都ビシュケクでは、米ドルを下ろせるATMは一台しかなく、それが高級ホテルにあるので着ていく服がなくて尻込みし、ほとんど米ドルを下ろさなかった。

ウズベキスタンの首都タシケントでも〝米ドルATM〟は一台だけ。一回に一〇〇ドルしか下せないから、闇両替えしては生活費に消えた。出かけるのが面倒くさくて、米ドル貯金はあまり増えなかった。けど、鼻毛が一本増えたほどにも気にしていなかった。

タシケントを出て一週間ほど地方をまわったとき、

「明日トルクメニスタンに入るんだけど、日本の銀行カードが使えるATMはないって」

ひとつも？

「ひとつも！」

ってことは米ドルを両替えするしかないではないか！　って、前日にしてようやく仏の

琴線がピンピンしたのである。

いま、米ドルっていくらあるの?

「一五〇〇ドルくらい」

日本円で十数万円かあ、その金額でトルクメニスタンとイランの二か国をまわると、どこかで破産しちゃうよね。明日、朝一番で銀行をまわろう!

と言った翌朝、ATMが休んでいた。通りかかった人が、土曜日は休みだよ、と言った。

機械なのに休むのか! って驚いていたら、九時、オフィスは普通に開いた。

機械が休んで人は土曜出勤とはよくわからない労働体系だけどそれはいいとして、さっそく窓口におもむき、日本のカードで米ドルをくださいってお願いした。

「できません!」

窓口の若い女性に、きっぱりと断られた。気持ちがいいくらい交渉の余地はなかった。

自慢のなで肩をさらになだらかにして、精一杯うなだれて駐車場へ戻った。

ああ、どうしよう……、うずくまる。こういうピンチのとき、人は性格がでるものである。ボクは潔くスパっと諦めて、問題を先送りにする未来志向だ。一方Yukoは、

「わたし、もう一度頼んでみる」

土俵を割っていることに気づかないで、軍配があがってからツッパリをかます人種だ。どちらが良い悪いとは言わないけれど、たっぷりと一時間後、一〇〇〇ドル分のお札を握って戻ってきたＹｕｋｏだった。

でかしたっ！

自慢げに鼻の穴をおっ広げたＹｕｋｏの説明では、何をどうでかしたのかさっぱりわからない。が、二階のマネジャー室に通されるほど面倒をかけ、守衛のおじさんにナンパされてＳＮＳの交換をしたそうだ。このとき得た情報はふたつ。

ひとつ、窓口は信用ならない、そして、ＡＴＭだって休むということだった。

二五〇〇ドルを手にして、トルクメニスタンの国境事務所に入った。

職員たちは、見慣れない顔をしたアジア人が、見たことのない小さな車で、聞いたことのない言葉をしゃべっているというので、特別に担当者をつけてくれた。

ただひとり英語を話せるアルク君、十八歳だ。ライフル銃を肩に下げた彼は、

「徴兵なんか来たくなかったんだ。本当だったらボクはね……」

愚痴をこぼしながら、心から面倒くさそうに手続きを手伝ってくれた。彼の持ち前の事務処理能力のなさと段取りの悪さが功を奏して、一生終わらないかと思うくらい窓口をたらい回されて、五時間半後に終わった。税金等で一四〇ドルも取られたのは、指のさかむ

けをひっぱられた以上に痛い出費だった。

急いで最寄りの町まで走って、両替屋を探すためにYukoが通りに出る。すぐに暇そうなおじさんたちが、珍しい顔の猿が歩いてるぞってな感じで集まって来た。Yukoの顔は、あれはあれで役に立つのである。

一〇人以上もおじさんが集まったわりにひとりも英語を話せなかったけれど、お互いの言葉を各々が勝手にしゃべっていると、不思議と次のことがわかったそうだ。
① 夕方だから、両替屋は閉まっていること
② 仮に昼間だとしても、土曜日は休みだということ
とどのつまり、今こそは絶対に両替えできないってことだ。

ボクは例によって竹を割ったようにさっぱりした性格だから、なす術なし！

と秒速で結論を出したが、Yukoにとってはここからが正念場である。

「ちょっと、行ってくる」と、小さなホテルに入っていった。

三十分後、一〇〇ドル分のトルクメニスタンのお金を握って戻ってきたのだった。

聞くところによると、ホテル中のスタッフが財布を開いて集めてくれたらしい。

うちの奥さんってスゴいかも！　現地で学んだ。

車より動物のほうが多い幹線道路（ウズベキスタン）

地獄の門――トルクメニスタン

すみません、独裁国の地獄はどこですか？

キルギスで三週間ストーカーのように電話をしてもらえなかったトルクメニスタンのビザは、ウズベキスタンでするっととれた。二重請求は問題なかったようである。いっときはパンツを脱ぐ覚悟までしたビザ騒動だったわりに、滞在はたったの五日間しかない。トルクメニスタンはケチだから、六日以上旅行したいならガイドを雇えと言うのだ。もっともうちだってケチだから、そんなお金は払わんのである。

でも、五日もあれば十分。行かないと後悔しそうな観光地は「地獄の門」くらいしかない。幸いなことに、ほかの観光地はひとつも知らないし、調べたくもない。次の目的地イランまで七〇〇キロ。距離的にも三日もあれば楽勝だった――、のだ、昨日までは。

というのも、わが家の旅の法則に「国境を越えるとき、仕事が舞い込む」というのがあって、ズバリ昨日、日本から〝超特急〟の指令が下ってしまった。

となると、できるだけ早くインターネットを手に入れなくてはならない。

国境を越えて、両替えをして、ガソリンを入れた今は土曜日の夜。あたりを見渡しても

一軒もお店が開いていないから、スマホのＳＩＭカードは買えそうになかった。

トルクメニスタンは町らしい町があまりないみたいで、確実にインターネットをするとなると首都まで行かないと無理そうだ。

Ｙｕｋｏ、首都のアシガバートまで何キロあるかな？

「六〇〇キロくらい」

そんなに遠いのかあ。明日の朝から走ったんでは、月曜日の仕事に間に合わないかもしれない。困ったなあ。どうしよう。

「じゃあ、今晩走るっていうのはどう？」

「ちょうどね、中間地点に地獄の門があるし」

なにが〝ちょうど〟なんだかよくわからないけれど、旅の家訓「海外では暗くなったら運転しない」的にあずましくない（北海道の方言で落ち着かないの意）よね？　と言おうとしたら、

「地獄を見るなら、夜だよね」

まったくもっておっしゃる通りだと思い、ミッドナイトランが決まってしまった。

正直言うと、独裁国家の闇を駆け抜けるというのはいかがなものかと不安でならない。けど、もし納期に間に合わなかったら、閻魔様より怖いクライアントに地獄に突き落とさ

稚内からトルクメニスタンまで 18,332km
トルクメニスタンの楽園度☆☆☆☆☆
インターネッ度☆☆☆☆☆
おもてなし度☆☆☆☆☆

れる。そっちのほうがいやだ。

幸い、南へ下る道は明るかった。

強盗が隠れられないくらい街灯がぎらぎらと輝いていた。電気代を無料にしても電気が余るらしく、無駄に街灯を明るくして消費するとはさすが産油国である。と感心していたら、突然、真っ暗になった。街灯は町のなかだけだったのだ。

でも暗くてもさほど気にならなかったのは、アスファルトの質がすこぶるいいからだ。シワひとつなく、いぶし銀的に黒光りしている。タイヤに吸い付くように滑らかだ。

アスファルトの原料はオイルだから、これもまた産油国の賜物である、と褒めていたら、ガタガタ道になった。懊悩に満ちた深いシワが刻まれていて、ときどき穴が空いている。暗いから、落ちる寸前まで存在がわからないという立派なトラップとして。穴に落ちては、その衝撃にChin号が壊れたんじゃないかと肝を冷やした。

強盗は隠れていまいかと左右の闇を睨みながら路面の穴をまさぐり、木一本生えていない土漠の一本道をひた走った。

地獄の門にほど近い集落、ダルヴァザに着いたときには夜中の一時をまわっていた。

粗末な建物がふたつみっつ見えるだけで、周囲三六〇度、闇しかない。

これが日本なら、近づくにつれて「地獄まであと五キロ」とか、「おいでやす、地獄へ」

とか、地獄の門ならぬ、地獄の戸、窓、塀、庭と類似品が並んでいて賑わっていそうなものだけど、ひとつも看板がない。豆電球すら灯っていない。

「夜の地獄ツアー」なるものもないようで、ひとっこひとりどころか、生きとし生けるものすべての気配がないのだ。

はて、困った。どこに地獄があるのだろう?

わざわざ日本から軽自動車で訪ねてくる人がいるくらいの観光地だというのに、案内のひとつもないとは思わなかった。

「スマホの地図だとね、一〇キロくらい南に行くと、左側に点線が延びてるよ」

「線の横に、To Fire Crater って書いてある」

それって、訳すと〝火の穴〟だよね。地獄の門は確か、地面に空いた穴だ。そこにガスが溜まって危ないから、火を点けたんだって。それだよきっと。

さっそく地図アプリの点線道を探してみた。けど、これがどういうわけかみつからない。一本道を何度も行ったり来たりしたけれど、ヒントらしき石ころも足跡も三途の川も何もなかった。すっかり地獄なんてどうでもよくなったころ、

「もしかして、あれかも」

Ｙｕｋｏが指さしたのは、ひと筋のタイヤ痕だ。

ヘッドライトで照らすと、土漠の奥へ延びている。

地図アプリによると、その先は点ひとつ記載されていない空白地帯だった。

さっき探していた点線とは離れているから、残念ながら別物みたいだ。

うーむ、悩む。

とりあえず、落ち着いて考えよう。

まず、これは轍である。かなり薄く頼りない。どう見ても道ではない。あえて言うなら、誰かがう〇こをするためにひと目につかないところを探したって感じだ。

しかしだ、方角的には地獄の門に向かっているようでもある。

点線ルートより近道になるから、けっこうイケるような気がする。

でもだ、よーく考えてみよう。

近道なのに道じゃないとしたら、道にならないってことではないだろうか？

実は、途中で崖になっているとか。

地溝帯が横たわっているとか、それこそ穴が空いているとか。

これは罠かもしれない！

と気づいた鋭いボクだが、Ｙｕｋｏを見たら少しも気にしている様子はなかった。ぐずぐずしてないで、さっさと行けよって顔をしている。

あ、そうですかとハンドルを握り直し、粛々とタイヤ痕をたどることにした。突然穴があっても落ちないように、そろりそろりと抜き足差し足忍び足の低速運転で。

一筋の轍は進むほどに枝分かれし、本数が増えてきた。一本一本が色濃くくっきりとしてきた。しかし、喜んでいる場合ではないのである。簡単に地獄へ行けるほど、世の中は甘くはない。土漠が徐々に砂漠になっているだけ。砂が柔らかくなったぶん轍が深くなったのだ。

だからほら、タイヤがよく滑るようになってきた。ずるるるーっと。

まずくね？

こんなところで砂に埋まったら、幹線道路から離れているから、誰も発見してくれないよね？　もし砂嵐がきたら、轍が消えて遭難だ。もれなく涅槃《ねはん》ゆきだ。

すでに地獄の一丁目まで来たようで、ボクらの命は風前の灯になってきた感があった。よく考えよう、命をかけてまで頑張ることはないだろう。地獄はいつでも逝ける。引き返すことにした。

幹線道路が見える娑婆《しゃば》まで戻って、その夜は、車のなかで安らかに眠ったのである。

すでに三〇〇キロも走ったから、仕事はなんとかなりそうだということにして。

翌朝、目が覚めたら腹が減っていた。

地獄へ行くのに何も急ぐことはなかろうと、茶屋まで戻り、腹ごしらえをすることにした。

茶屋のオヤジに、

「うちの車、砂に弱いんだけど、地獄の門のあたりってどんなですかね？」

と訊いてみた。

「普通の車じゃ無理だ。砂に埋まって動けなくなるぞ」

「あんたの車ってあれか？　あれじゃあ、絶対に埋まる」

「このあたりじゃ、俺のＪｅｅｐ《ジープ》だけだな、あそこに近づけるの」

「悪いこと言わねーから、俺のＪｅｅｐに乗ってけ。安くしてやっから」

やっぱり砂が深いのか。

日本の閻魔様には、地獄で砂に埋まったから納品できませんでした、と言っても理解してもらえるとは思えないから、オヤジのＪｅｅｐに乗ることにしよう。

ご自慢のＪｅｅｐは、一度もスタックすることなくがんがんと土漠を突き抜けた。

トルクメニスタン観光のハイライト「地獄の門」は、真っ平らな大地に、唐突にぽっかりと口を開けていた。

恐ろしい。

これは本当に恐ろしい。

こんな大きな穴が看板も柵もなく、結界のカケラもなく空いているなんて、単なる落とし穴じゃないか。昨夜、もし火が消えていたら、間違いなく落ちていた。

文字通り地獄行き。その名に恥じない観光地である。

しかし思うに、確かに火は燃えていたけれど期待したほどに萌えなかったのは、柔らかな朝の日差しがかかっているからに違いない。

業火は、天国の絹のように穏やかに揺れていた。

こんなにもほっこりと優しい気持ちになったのでは、血も湧かないし肉も躍らない。痛くも痒くも臭くもない。まるでシズル感がないではないか。

看板はないにしても、看板に偽りありである。

と言いたくなければ、これから行く人はぜひ夜を目指してほしい。

轍をたどると着くと思う（う〇こを踏むかもしれんけど）。

そしてもし茶屋でＪｅｅｐを見かけたら、伝えてほしい。

その車、トヨタのカムリだよって。

mazda
SCRUM
AKA480
E 3243

地獄の一丁目で安らかに眠った翌朝（トルクメニスタン）

金融犯罪―イラン

ビックリ価格でトルコ石を買う方法

春のようにうららかだった地獄の門のトルクメニスタンから、イランに入った。

灼熱の砂漠を想像していたら、ワイパーが追いつかないほどの猛吹雪だった。

雪のために右側通行なのか左なのかわからず、対向車に会うまで真ん中を走っていた。

イランを旅するにあたって、ひとつテーマがある。

〝節約〟だ。カード類が使えないから、手持ちの現金をいかにやりくりするかが腕の見せどころである。が、一番苦手な分野だったりする。わが家はややもすると土日も働く勤勉なリモートワーカーだから、節約するくらいだったら無駄遣いに走りたい派だ。

かき集めた米ドルは二三〇〇ドル。この予算でひと月間、ドライブできるだろうか？

ぼちぼちいけるような気がしなくもないけれど、失敗すると砂漠の藻屑《もくず》となりかねない。

ここはひとつ、綿密に予算を検討してみよう。

まずは、五〇〇ドルを車の故障や強盗、ロマンス詐欺に遭ったときの備えとして、あら

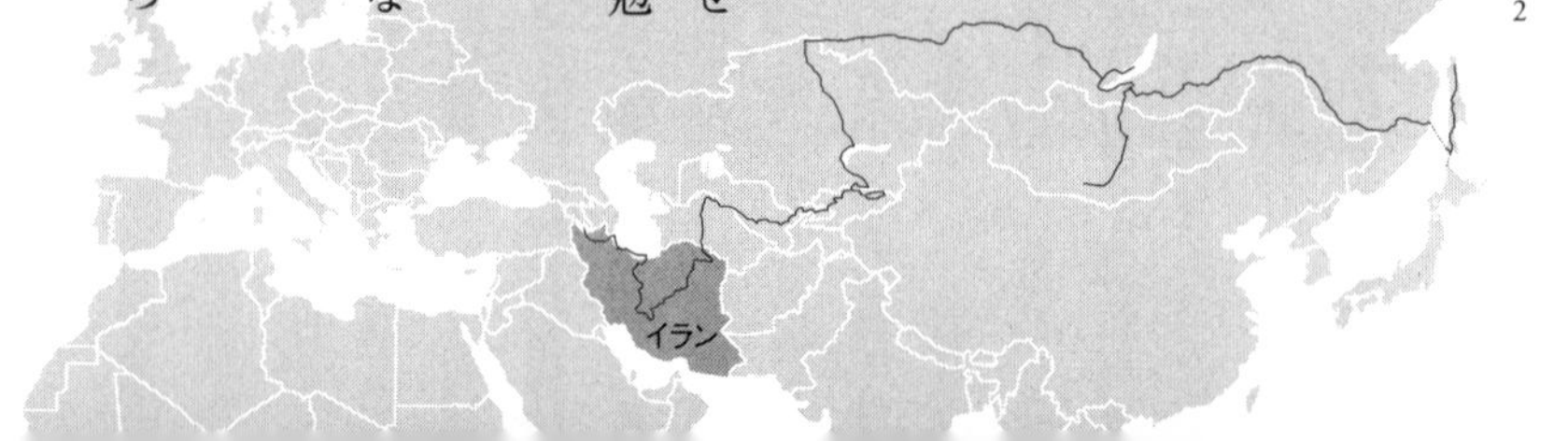

ぬところに隠そう。だいたいいつも丸めた靴下のなかだ。車の燃費とガソリン代をリッター一五キロの〇・五ドルとして六〇〇〇キロ走ると、ガソリン代は二〇〇ドルになる(安いっ!)。駐車場で車中泊できるかどうかわからないので、一泊三〇ドルを計上して九〇〇ドル。車両保険を一〇〇ドルとすると、残りの六〇〇ドルが食費だ。

これまで旅したイスラム教の国とは違って、原理主義とかいう言葉もれ聞こえてくるし、ビールを飲むことはなさそうだ。

となると、ひとり一食三・三ドル。もし、一食につき三〇セントの節約ができたなら、五四ドルものお小遣いが貯められる。という涙ぐましい予算案は、

「わたし、トルコ石をたくさん買いたい」

という鶴のひと声で、どうでもよくなった。

なんとかしてお金を調達せねば——、夫は誓ったのである。

イスラム教の聖地、マシュハドに宿をとった。

オーナーのモハメッド氏は、安く仕入れたバッタモンを高級品価格で売ることに長けた絨毯売りにしか見えないが、たいへん親切な人であった。

昨夜なんかも両替屋の場所を尋ねたら、普通これはバスだろうってくらい遠くまで歩い

稚内からイランまで 18,942km
イランの楽園度☆☆☆☆☆
おもてなし度★★★★★
アルコール度☆☆☆☆☆

て案内してくれた。それが一〇〇ドルで二〇ドルも得する闇両替えで、ニュースに「闇両替えは死刑!」とあったことを考えると、命をかけて世話を焼いてくれたのである。

そこをミジンコほども顔に出さないあたりが、こころ憎いモハメッドなのだ。

頼り甲斐がありそうなので、お金について相談してみよう。

モハメッドさん、闇両替えができるということは、もしかしてクレジットカードも闇で使えたりしますか?

「現金がほしいのか……、できないことはない」

ちょっと待てと、神妙な面持ちでいずこかに電話をした。

まもなくして、それじゃ寒いだろって感じのぺらぺらのジャンパーを着たオヤジがやって来た。彼の名前もモハメッドだったので、便宜上、二世と呼ぶ。

髭面の二世が言う。

「カナダに親戚がいて商売をしている。そこにPayPal《ペイパル》で払えば、私が君にお金を払おう。私は後日、親戚からお金を受け取れる」

なるほど、そんな裏技があるのですか!

ググったらPayPalはその前年、イランに送金したために何億円もの制裁金を払っていた。ということは国際金融犯罪に手を染めることになる。なるが、Ｙｕｋｏのトルコ石を買うためとあれば、いたしかたない。惚れられた夫の務めだ。

二世さん、ぜひお願いします。手数料はいかほどになりますか？

という質問は聞こえなかったようで、

「いくらほしいんだ？」と訊いてきた。

一〇〇〇ドルほど用だてていただくとしたら、手数料はいくらになりますか？

「一〇〇〇ドルは問題ない。いつほしい？」

明後日までにもらえると助かりますが、手数料は？

「君が今晩中にカナダに払えば、明日、お渡ししよう」

トントン拍子に商談がまとまってきた。

イラン人は西側諸国の経済制裁をかいくぐる知恵があり、行動が早く、親切である。

問題があるとすれば、なぜか耳に届かない言葉〝手数料〟だけだ。

二世の黒目を離さずにじっと見て、滑舌よろしく「手・数・料はハウマッチ？」と問うた。

あんたもたいがいしつこい人だなって顔をした彼は、小さな声でボソっと言った。

「二〇〇ドル」

そりゃ高い！

一〇〇〇ドルで二〇〇ドルはないわ！　って日本語できっぱり言って、丁寧に断った。

モハメッドさん、ごめん、断っちゃった。

「謝ることはない。ほかにもツテはある」

すぐに電話をしてくれた。その人はアリとかなんとか名乗っていたから、たぶん、モハメッドだろう。便宜上、三世と呼ぶ。

「イギリスに友達がいて、商売をやっている。その店でクレジットカードを使えばいい」

三世さん、ありがとう。一〇〇〇ドルほどほしいんだけど、手数料はいくらですか？

と訊いたあとは二世とまったく同じで、唯一違ったのは手数料だ。

三〇〇ドル。

お引き取り願った。

「気にするな、ほかにも友達はいる」

と言って新たな人を呼んでくれたが、名前を覚えていないので四世でいいや。

「兄がドイツにいて……」

聞いたことがある話が続いて、唯一違ったのは手数料だった。

四〇〇ドル。

モハメッドさん、ごめん、悪かった。もう闇クレジットの件は忘れてください。

ところで、トルコ石を買いたいんだけど、どこかにいいお店を知ってる？

「まかせてくれ、トルコ石は得意だ」

親切なモハメッドは次の日、一三〇キロも離れた町まで案内してくれた。といっても、うちのＣｈｉｎ号をボクが運転して。なぜか彼の奥さんまで乗っていたけれどトルコ石とは関係なくて、親戚の家に届け物をしたかっただけだった。

闇クレジットでは残念だったモハメッドだが、トルコ石では最高のガイドをしてくれた。

案内してくれたのは、普通の住宅街のごく普通の家。出迎えてくれたのは公立中学校の先生だった。トルコ石をどう聞き間違うと社会の先生に行きつくのか、と思ったら、先生の副業がトルコ石の研磨だったのである。学校の給料だけでは食っていけないそうだ。

「お店で買うより安い」モハメッドは言う。

確かに。リビングでの商談会は超お買い得セールだった。調子にのったＹｕｋｏは、算数、国語と先生の家をはしごして、しこたま買い込んだ。

その日の晩は知らない人の家でご飯をご馳走になり、そのまま泊めていただいた。

文句を言うわけではないが、一宿一飯には一滴もお酒はない。さすがである。

翌日、モハメッドの指さすままに、名もしれぬ鉱山へ向かった。

観光客に公開されていない、真剣勝負の鉱山。荒くれた山男たちが汗をかいていた。

「この日本人に、トルコ石を見せてやってくれ」

といったことをモハメッドが言ってたと思うが、ふたつ返事でオーケーするとは、山男たちよ、軽すぎないかい？　鉱山のなかを部外者がうろうろしては危ないだろう。

ヘルメットを借りて、狭い坑道を腰をかがめながら恐る恐る歩いていたら、

「トロッコが来たから逃げろ！」って。

やっぱり、危ないんじゃないの。

落盤事故があったらそのままほっとかれてしまいそうな気配を背中に感じながら先に進むと、盲腸みたいにはみ出した真っ暗な室《むろ》があった。懐中電灯で照らすと、壁に碧い筋が怪しげに光っていた。

トルコ石の原石は地球の角質層の隙間に、潰れたように挟まっているのである。これはなかなかいいものを見せていただいた。

モハメッドさん、ありがとう。史上最高のツアーでした。本邦初公開の生の鉱山を歩けるなんて、夢にも思っていませんでした。ほんとにありがとう！

とお礼をしたらよほど嬉しかったみたいで、

「じゃ、もう一軒いこか！」

次の山は、迫力満点だった。

車椅子に乗ったガンダムみたいなショベルカーが山の内側に入り込んで、がっつんがっつんと四方八方をくり抜いていた。

ヘッドライトに浮かぶ山の内部は真っ白。塩だった。イランは昔、海の底だったのである。

例によってモハメッドが、本社から来た部長みたいなデカい顔で鉱山に入っていっただけで、観光客なんてひとりもいない。危ないったらありゃしないけど、これぞマイ秘境だ。

いいところに連れてきてくれた。

モハメッドはハンドボールくらいの塩の塊を拾って、いやらしくべろーりと舐め、

「うん、塩辛い。料理が美味しくなるだろう」

ほら。お土産に持ってけ！　って、唾液が乾かぬうちにボクにくれた。

ツアーの帰り道、石を買いすぎてお金が足りなくなりそうだとＹｕｋｏが言う。

「でもね、お金がなくても大丈夫。トルコ石の石言葉は〝旅の安全〟だから」

なんとかせねばならぬ――、夫は思ったのである。

どんなに商談が盛り上がっても、お酒は出ない（イラン）

これは大発明、糞闘中でも交代できる

和洋折衷トイレ――イラン

イランほど、歓迎してくれる国はない。

観光地でもない小さな町の商店街や住宅街の路地で、通りをゆく人が「Welcome to IRAN!」と英語で挨拶をしてくれる。まるで合言葉のように。

そもそも外国人という人種はやたらと挨拶をするものだけれど、道ですれ違ったくらいで「ウェルカム」と言ってくれるほどお人好しではない。たいていは「ハイ!」だ。

オーストラリアだと、髭面のマッチョなオヤジが首を小粋に傾げてウィンクをするものだから胸がキュンっとして危ないが、その話は妙な方向に脱線しそうなので置いといて、ここ十年は「アンニョンハセヨ」と挨拶されることが増えてきた。

それでも日本人の基本は、「ニイハオ」だ。

中南米では、日本人の旅人が「チーノチーノチーノ」と呼び捨てにされ、バカにされたと腹をたてているが、若者よ、そんなことぐらいで怒ってはいけない。悪気のない言葉ほど悪意を感じるものはないけれど、彼らに悪気はないのだから。負けずに彼らの国名を言えばいい。グァテマラグァテマラグァテマラグァテマラとか。怒らせたら勝ちだ。

モロッコやアフリカの一部では、「チャンチュンチョン」と挨拶されることがある。中国語ぽく発音しているだけだから微笑ましいと言えば微笑ましいが、返事をすると「チョチポチャミスピヤー」とつけあがるので、聞こえないフリをすることにしている。

彼らにしても挨拶がしたいというより、〝珍しい顔〟をしたボクらにちょっかいをかけたいだけなので、無視をしてもつけあがる。

あれ、聞こえなかった？　とばかりに「ドブゴヴァッケッシーボボ」とより大きな声で言い続けて、もうだいぶ中国語から離れている気がするけれども、反応するまで止めない。温厚を自負するボクでも腹がささくれ立ってきてしまう。負けてなるものかと頑なに前だけを見て歩き、心のなかではエコエコアザラクと呪詛をくれてやるのだ。

それはいいとして、ドミニカ共和国やキルギスを代表とする十数か国では、「ミヤギさーん」と友達のように呼ばれることがある。振り向いて友達だったことは一度もない。そんなときは黙って映画『ベスト・キッド』の鶴の舞のポーズをとると、場内は大爆笑。だがその後、彼らは調子にのってパンチを繰り出したりするから、うっとうしいったらありゃしない。ボクが映画の登場人物ミヤギさんに似ているのは、世界的認識だ。

日本から来たというと、いまだに「ブルース・リー！　アチョー！」と叫ぶ人がいるので、その都度、間違いを正すのがボクらの仕事だ。

「ブルース・リーは香港。日本人ならテレンス・リーです」

といったことを書きたいのではなかった、イラン人である。

歓迎してくれるのは嬉しいけれど、どうして英語なんだろう？

それが流暢ならわからなくもない。でも、どちらかというと果敢で、ときどき無謀だ。

食堂で会った育ちの良さそうな少年は、同じテーブルの女性を紹介してくれた。

「母です。House wife です」

それはそれはご丁寧に。こんにちは、日本から来た旅フーフです。どうぞよろしく。

次に、隣に座っている娘さんを指差して、

「姉です。Hotel wife です」

それはどういったサービスで？　と訊くところだった。Ｙｕｋｏの前だというのに。

少年家族とは会話にならないおしゃべりを楽しんだあと、食堂の外で別れた。

「See you!」と手を振ると、「Good Morning!」と返ってきた月夜の晩だった。

ほかにも「ＭＯＴＥＬ」と看板にうたった宿は、「駐車場はありません」って威張るし、
食堂のメニューに「ケンタッキー」というのがあって、フライドチキンだった。

洒落たネーミングだけど、英会話について一家言あるボクでも、油断できない英語力。

加えて気になるのは、イランはアメリカから敵性国家呼ばわりされているから、英語は敵国語ではないだろうか？

ボクらがイランを訪ねた二〇一六年の春前は、オバマが一瞬経済制裁を解除したので、雪解けムード。ロウハニ大統領が、ヨーロッパで旅客機を一〇〇機も大人買いしていた。

それなのに、ボクらが入国する五日前、

「イランに行くなら、今度からアメリカに入るときはビザを必要とする」

そんな意地悪なことをし出したアメリカだ。

それなのに英語？　いじめられるのが好きなの？　と思ったけれど、革命前のイラン人はそうとうアメリカンな生活を送っていたというから、一度染み付いたロックンロールが抜けないのかもしれない。恋しいのかもしれない。

嫌われていてもカラダが欲しているのだとしたら、ちょっと不憫かも。

そんなイラン人の切ない思いが〝うん〟と詰まっていたのが、トイレである。

強引に、大好きな便所話にもってきたように聞こえるかもしれないが、それは誤解です。

ボクらは何軒かごく普通の家に泊まる機会があったのだけれど、いつもトイレのドアを開けておったまげていたのだ。

和と洋が並んでいた。

和のブースと洋のブースではない。他人とお尻を並べるニイハオ・トイレとも違う。ひとつの個室に、タイプの違うふたつの便器。ありそうでありえない組み合わせ。どちらも見慣れているぶん、やけに新鮮。普通、並べないじゃないですか、このふたつ。どんなお金持ちでも。便器が余っていても。

はじめのころは、どっちを使ったらいいの？　って悩んでいたが、悩むことはない。よく考えてみて。大とか小とかいろいろあるよね。それに予想される量、円滑度、体調や心もようはどうなの？　オッケー、急がなくてもいいんだ。糞闘中にスイッチすることもできるんだから。意表を突いたアイデアでしょう？

どんなもんだい！　ってボクが威張りたくなる。

アメリカが懐かしいけれど、原理主義的になにかと憚られるという立ち位置の厠《かわや》でもある。

目からウ◯コのアイデアに思わず膝を打って、ゆーこーっ、はやくこっち来てえ！　と呼んでしまったけど、別に急かすことはない。とりあえず、マイ秘境に入れておこう。

このマイ秘境に似て非なるものもあって、トイレの狭いご家庭用に、プラスティック製の洋式便器がある。すぐそこの通りの金物屋さんに並んでいた。軽いので、和式の上にポンっと置くだけで、洋だ。取れば、和だ。すこぶるお手軽に和洋を楽しめる。和、洋、両雄並び立つ風景をお尻の下に眺めて、ああそうか、アジアとヨーロッパの境界はイランなのだ、と気づいてしまったのである。トルコには申し訳ないけれど。

ところでイランは、長らく経済制裁を受けているためか西欧との交流が少ないのだろう、珍しいものに飢えていた。

珍しいものが、珍しい。

駐車場の一番人気は、うちのＣｈｉｎ号。目を離すとすぐに撮影会場になってしまう。観光地の一番人気は、ボクらだ。中東の「３Ｐ」と異名を取るものすごい遺跡「ペルセポリス」を前にして、行列ができたのはＹｕｋｏの前だ。

確かにＹｕｋｏは似ている芸能人がひとりもいないという亜種だけど（ボクはミヤギさん）、あれだけバシャバシャ写メっておきながら、誰ひとりとして、「どこから来たの？」と訊かないのは、あんまりじゃないか。

動物じゃないぞ。

محمد رسول الله

何が言いたいのかさっぱりわからない標識（イラン）

洞窟の家―イラン／アルメニア

美人の園で穴を掘ろう！

Ｙｕｋｏが調子に乗ってトルコ石を買いまくったために、お金が足りなくなってきた。飯代を削って痩せ衰えるかと思ったが、逆にぶくぶく太ってしまったイランである。

首都テヘランでは〝カウチサーフィン〟に泊まった。カウチサーフィンは、ごく普通の一般家庭にお邪魔して、無料で泊めてもらうサービスである。宿代の代わりにお土産話をして、ホストファミリーを楽しませるのがわれわれゲストの務めなのだが、とっておきのネタを披露してもお互いカタコト英語。何を話してもオチずに落ち込んだ。ぜんぜんウケない。自分ではそこそこ笑いが取れる男だと思っていたのに通用しないのだ。とはいえ、そこはさすが「Welcome to IRAN!」のお国柄。

「聞けば、君たちはお金がないそうじゃないか。まあ、好きなだけいたらいい」

遠慮することはない、と三食＋個室＋Wi-Fi＋市内観光に親戚の家めぐりのオプションまでついた大盤振る舞いをうけたのである。

しかも一日三回きっちりと出るオヤツ。とても食べきれた量と糖分ではないのだけれども、ここで食べ残しては日本男児の名折れ。精一杯腹一杯食いまくった結果が、Ｙｕｋｏのお腹である。あの肉には、イランの〝おもてなし〟が詰まっているのである。ちなみに、ビールは一滴もでなかった。

無銭飲食&無料宿泊の饗宴は一週間も続いて、おかげで米ドルを使い切ることなく次の国へ旅立てた。〝悪〟ならぬ〝愛〟の枢軸国は、いたれりつくせりで優しいのである。

イランを去るとき、旅人は寂しさのあまりに泣くという。そんなおセンチなボクではないが、最後の記念写真を撮るとき、なかなかピントがあわなかった。

イランを北へ上がり、アルメニアに入った。

アルメニアといえば、アルバニアなんだかアルジェリアなんだかよくわからないという謎の国だけど、世界一美人が多いそうだ。しかもその昔、本物のエデンの園があったというから、元祖パラダイスである。美人天国ともなれば大いに気持ちがよさそうだけど、そのわりに「アルメニアはサイコーっすよ！」と聞いたことがない。それどころか、アルメニアに行ったという旅人にすら会ったことがないと、気がついた。

これはいったいどういうことだろう？

稚内からアルメニアまで 24,389km
アルメニアの楽園度★★★☆☆
不動産安い度★★★★★
家をセルフビル度★★★★★

あまりにも気持ちが良すぎて、もったいなくて、人に教えたくないのだろうか？　ならばぜひ、秘密の花園を見せていただきたいと、心持ちうきうきしながら国境の税関を訪ねたら、開口一番で叱られた。

「男のくせにピアスなんかするんじゃない！」って。

三〇歳くらいの若ゾーに、五一歳にもなるオッサンが。

これは心外である。ムググググっと鼻の穴がおっぴろがったが、言い返すとどんな仕返しをされるかわからない。なんせここは税関だ。静かに鼻の穴を閉じる。

はあ、ごめんなさいと力なく謝って、ピアスを外した。

のっけから非常にがっかりした。ウキウキ感が中折れした。でも長く旅をしていればそういうこともあるさ、めげるなオッサン！　と自分を励まして隣の建物へ。

イミグレの窓口にパスポートを差し出すと、ビザ代を請求された。

あ、ごめんなさい。お金は妻が持っていて……、と言ったところで、怒られた。

「ワイフにお金を持たせてどうすんだっ！」って。

「あんた、それでも男か！」男たるものは〜と、説教をされたのである。

これまた三〇歳くらいの若ゾーに。どう考えてもボクのほうが長く男を務めているというのに。まったく何様のつもりなんだか、アルメニアだかアルバニアだかアルジェリアは。

すっかりブルーな気分でパスポートを見たら、滞在期間はたったの二一日。ケチくさいったりゃありゃしない。車の書類を見たら、こっちは一五日間。もっとケチなのだった。


ゴリスという町に泊まった。

石器時代から人が住んでいるという、ギャートルズに出会えそうな古式ゆかしい町だ。

さっそく美人を拝みに教会のあたりに繰り出したが、美人なんてひとりもいない。

そもそも妙齢の女性がいないのである。その辺の事情をその辺のおばさんに尋ねたら、学校を卒業したら皆、外国に出稼ぎに出るらしい。特にロシアに。で、そのまま帰って来ないとのことである。ここは貧乏だし、なにより男尊女卑だし。

わかります、その気持ち、男だけどよくわかります。といった思いを噛み締めながら散歩をしていたら、いつの間にか町外れに出たのだが、そこが奇妙な一角なのである。

先の尖った岩がにょきにょきと生え、崖っぽい斜面には、窓や戸、穴が点在している。

家がないのに、窓や戸？

アートにしては大きすぎる。魔物の巣窟にしては、洗濯物が家庭的。遺跡にしては、なまなましい生活感。はて、なんだろう？

見上げていたら、上のほうで手を振っている女性がいた。その横で小さな女の子が大声を出していた。何を言っているのだかさっぱりわからないけれど、異国の地で手を振られたら、たいていは、こっち来て茶でも飲んでけ！　だ。もし違ったら、営業だ。

頼りない細い筋を上がって行くと、ほれみたことか、お菓子とお茶が待っていた。

驚いたことに洞窟だった。ギャートルズの家に似ている——、といえば、似ている。

もしかして石器時代の家なの？

「いや、俺がひとりで掘ったんだ。最近、やっと完成した」お父さんが言う。

えっ、新築？

どう見ても新しくは見えないけれど、ポイントはそこではなくて、洞窟だ。

広さは二〇畳くらい。天井の照明はもちろんのこと、冷蔵庫、洗濯機にテレビと、家電製品はひと通り揃っている。パソコンにはYouTube、かっこよさげな音楽が流れていた。

壁も天井も手掘り感むき出しのナチュラル仕上げだから、グランジ（かすれ）風味におシャレ。

「上の階も見る？」

娘エレン（八歳）に誘われて外の階段を上がると、二階は来客用の寝室だった。

さらに上の三階はエレンの部屋。各階の床の隅には小さな穴があって、大声を出すと連絡がとれるようになっている。ご飯できたよーとか。斬新なローテク。

洞窟の入り口に立てば、ゴリスの町全体が見下ろせた。

王様のように。それこそ、下々の民を見下ろすように。手は自然と腰にくる。

おお、これこれ、この景色が欲しかった。

すっかり忘れていたけれど、ボクらは楽園を探しているのである。

ここでいいじゃん。ね、ここでいいよね、Ｙｕｋｏ？

住みながらこつこつと手掘りして、進捗状況をユーチューバーとして配信しようよ。

洞窟ハウスの先駆者としてバズるかも。ひと儲けできるかも。

民泊として貸したら人気が出るんじゃない？

絶対に儲かるよ。

老後が明るくなってきた。

エレンは八歳にしてすでに美人だし、お母さん（三六歳）はぽっちゃりして可愛いし。

だけどあれか、世界一美人が多いエデンの園なんて言ったら、スケベなおっさんがキャバクラと間違って集まってきそうだ。

秘密にしたほうがいいかも。

誰にも言わんとこ。

床に変なシートを敷かなければ、もっと素敵なのに（アルメニア）
←〈ショート動画〉雪山を越えよう

う○こさえ気にしなければ、楽園（前編）

まったく想像もしていなかったけれど、楽園候補地にアルメニアが浮上してきた。洞窟を手掘りするという愉快なセルフビルドとして。釘の一本も打ったことがないＤＩＹ歴だけど、掘るだけならなんとかなると思う。床以外は水平垂直を気にしなくていいから、大胆にざっくざっく掘ろう。住みながら少しずつ部屋を広げられるのが、嬉しい。法律的にどこまで掘っていいのかわからないけれど、石器時代からの伝統工法、そんなに神経質になることもない、とみた。田舎だから役所の建築確認が来るとは思えないし、掘り放題かも。もし掘りすぎて怒られたらさくっと埋めて、ほとぼりが冷めたらまた掘ればいい。ああ、なんて自由なんだ。

土地が狭いのも嬉しい。斜面に穴を掘るので、前庭としてせいぜい車二台ぶんもあれば御の字。天井や壁にタイルを貼らないし、柱も梁もないし、ペンキも塗らない。モルタルもコンクリートも不要。地球に優しくて、予算的にもエコである。素晴らしい！

宿のおかみさんに、穴を掘って住みたい！　って言ったら、不動産を買うと五年間のビザが付くのよ、って調子のいいことを教えてくれた。諸般の手続きも簡単そうだ。

Ｙｕｋｏ、ここらでひとつ、楽園の条件を整理しておこうか。

①　暑くないこと（Ｙｕｋｏはエアコンが苦手なもので）
②　安全（夜中に、Ｙｕｋｏがひとりでビールを買ってこられるくらい）
③　天下を取ったような見晴らし（引きこもり体質なので、窓の景色は重要）
④　物価と不動産が安いこと（ここは譲れない）
⑤　起業しやすいこと

⑤の起業については、商売してひと旗あげたいという野望はない。社会参加とボケ防止です。あと、暇だとロクなことを考えないので、間違っても一攫千金を狙って身代《しんだい》を潰すことのないように、暇をつぶすのである。自営は一種の自衛である。

オプションとして、カフェで気軽にビールを飲めるくらいにイスラム色が強くないこと。酒の肴はシーフード派なので漁港の近く。リビングの窓からクマが見えたら最高なのだ。そんなこんなの楽園を探して、Ｃｈｉｎ号を走らせているのである。

次の目的地ジョージアが、楽園の最有力候補として、出発前から名があがっていた。物価が安く、ビザなしで一年間も滞在できて、外国人の起業認可も一週間とかからない

稚内からジョージアまで 25,295km
ジョージアの楽園度★★☆☆☆
不動産安い度★★★★☆
家をセルフビル度★★★★☆

という。夏の暑さはわからないけれど、三月の今はそれなりにうすら寒かった。

ジョージアはバックパッカーの天国と呼ばれているから、老後を天国で過ごすなんて、なにより縁起モノである。

また来るね！　と洞窟親子に別れを告げて、雪深いシルクロードを辿った。

途中、ナゴルノ・カラバフという紛争冷めやらぬ未承認国家に立ち寄ったけれど特に事件もなく、国境に着いた。

ジョージアの税関は、車や荷物のチェックを一秒もしなかった。書類すら作らなかった。

Ｃｈｉｎ号を見てへらへら笑っていただけ。あんなものやこんなものを持ち込んだらどうするんだって心配になったが、ガバガバにゆるい役所は楽園にふさわしい気がした。

首都トビリシをざっと見渡したところ（というか、道に迷ってバターになるんじゃないかってくらいぐるぐるした）ちゃらちゃらしたところがひとつも見あたらなかった。彩度の低い町は隅々まで貧乏臭さが染み付いていて、無愛想な猫が街を牛耳っている。

どういうわけか、ブルース・リーと鼻をかむ女の子の落書きが多い。

名物は廃墟だ。とにかく廃屋が目につく。

たまたまいま人が住んでいないだけで、建物が頑丈だからリノベしたらすぐに住めますよ、というのはほとんどなくて、風雪に耐えきれず崩壊し始めたものが多い。

柱が傾き、梁は曲がっていた。壁はひび割れ、ブロックが落ち、屋根があったりなかったり。

窓にカーテンがあれば人が住んでいて、深淵がこちらを覗いていたら空き家だ。

すでに単独では自立できなくなった家も珍しくはなく、鉄骨で支えあっていた。

とても楽園には見えない。けど、寂れていればいるほど、わが家の懐事情に優しい気がする。不動産は安いだろうなあ。モノによっては家の原型ぎりぎりの崩壊ぶりだから、

「お金なんて滅相もない。引き取っていただけるなら、これ、少ないですが、どうぞ」

逆にお金をもらえたりして。放置していたら危ないから、あるっちゃーある。

そう思ったら小汚い瓦礫の塊がなにやら輝いてきて、宝に見えなくもないのだ。

アルメニアの洞窟ハウスに続いて、ジョージアでもボクらの老後は明るそうである。

これはのんびりしてはいられないと、ひとりしかいないジョージア人の友達A嬢に電話をした。確か、趣味で不動産の仕事もしているって言っていたのだ。

A嬢、家探しを手伝ってください。

軽自動車でぎりぎりの道幅。まさか歩道じゃないですよね？（ジョージア）
←〈ショート動画〉南米の死のロードより怖い

う○こさえ気にしなければ、楽園（後編）

お嬢、家探しを手伝ってくれませんか？

家でもマンションでもいいけど、高台に建っていて、人民を見下ろす系の眺望がほしい。広さは三ベッドルームで十分です。家庭菜園とかしたいので、最低でも車二台ぶんの庭がほしい。ウォーターフロントも悪くないです。予算は五万ドル（六〇〇万円）で。

と正直に言ったら殴られそうなので、適当にごにょごにょとごまかした。

おかげで微妙に条件にあわない物件を紹介されたけれど、その一部を紹介したい。

実録、楽園候補地ナンバーワン「ジョージア」のお家《うち》。

一軒目は、再開発地区の高層マンション街。五〇平米の１ＬＤＫ。

完成して二年の未入居物件。照明やボイラーのような設備は、住む人が取り付けるようで壁と窓以外なにもなかった。がらんとしているけれど、それは好都合。うちはアイランドキッチンに憧れているので、台所を自分で設計できるのは、願ったり叶ったりだ。

寝室に小さなベランダがついて五〇〇万円だった。管理費は月二五ラリ（一一八九円）。

二四階だから天下をとったみたいな眺めは満足だけど、五〇平米は狭いなあ。

お嬢、申し訳ない、次の物件をお願いします。

二軒目は、人気のサブルタロ地区。八階建ての最上階で九〇平米。新築。はき出し窓が天井まで届いて、パンツを脱ぎたくなるほど開放感がある。

ここもキッチンは自分で取り付け。広さと眺望は悪くないけれど、よくよく見たら、壁紙は大胆にシワが入っているし、ペンキははみ出しているし、あれこれ曲がっているし、杜撰な仕上げに興ざめした。八〇〇万円もしたからさらに興ざめした。

ジョージアの家は、値段は東京の十分の一だけど、クォリティーは百分の一なのである。

このマンションは有料エレベーターだった。上下ボタンの横に弁当箱サイズの箱があり、五円くらいのコインを入れないと動かないのである。ケチくさいけど、下りは無料だから太っ腹だ。有料エレベーターはほかのマンションでも目撃したから、ジョージアでは珍しくないようだ。

三軒目は一番人気の住宅街で、一三八平米の一五〇〇万円。はるかに予算をオーバーしているけれど、人気の地区であることと広さを考えると圧倒的に安いとお嬢は言う。

どんなに割安感があっても、「旦那を替えないと買えないかも」とＹｕｋｏが呟くくらい、わが家の守備範囲ではない。けど、安さの秘密を見ることができた。

内装前の物件なのだ。

床、壁、天井はブロックとコンクリートがむき出しで、あっちこっちで鉄筋がはみ出している。照明器具やトイレ、シャワーといった設備は一切なくて配管と電線があるだけ。マンションを外から見ると完成しているけれど、部屋のドアを開けると未完成なのである。

ジョージアでは、内装前のものをブラックフレームと呼び、あえて仕上げないで、そのぶん安く売るのである。ちなみに内装済みのものをホワイトフレームという。

このブラックフレームは、ボクらには願ってもないドリーム・ハウスだった。

常々、なかは自分でデザインしたいと思っていたので。キッチンどころか、一部の間取り、トイレ・シャワーの位置まで決められる。タイルも自分で選べるし、面白すぎる。

予算、センス、体力、手先の器用度にあわせて、それなりに成長する家。

翌日、町の不動産屋さんを訪ねて、ブラックフレームを中心に探してもらった。

さっそく、七階建ての八階という摩訶不思議な異空間を紹介された。

天井裏だった。とはいっても、天井高は五メートル以上。つまり中二階が作れるから、八〇平米だけど五割くらいは余裕で床面積を広げられる。

これは衝撃的に面白い！

ジョージアってやるなあ。

さすが、楽園候補地ナンバーワン！　って興奮したけど、九〇〇万円もしたのでパス！

不動産屋さん、次行こう次。

で、何軒か目で最高の物件に出会った。

特に人気があるとは思えない無愛想な地区だけれど、十二階建ての最上階。九〇平米だから広さ的には満足。アイランドキッチンどころか、キッチンスタジアムも夢ではない。

三方にベランダがあってそのひとつは四〇平米もあるし、トビリシの母なる川、クラ川を見渡せる。屋上テラスがついていて九〇平米。家庭菜園どころか、本格的にビニールハウスも作れそうだ。ヤギくらいなら飼えるかも。

それでいて、六五〇〇万円。

買える。これならなんとかなる――、と思う。

まず、トイレとシャワーを作ろう。しばらくは部屋にテントを張って暮らそう。

キャンプをしながら、こつこつと家を作ってゆくのである。

ブロックを積んだりタイルを貼ったり。テーブルや椅子やタンスもとんてんかんと日曜大工で。無理がないし、いいかも。想像するだけで、興奮して鼻から水があふれそうだ。

完成したら二部屋を民泊として貸し出して、工事費等の予算を超えたぶんをきっちりと回収しよう。

一泊二〇〇〇円として、ふた部屋で四〇〇〇円。稼働率を五割として、ひと月六万円の売り上げ！　そんなに儲かるの！

欲張るとアレだから、月五万円の売り上げでいいや。一年で六〇万円も儲けてたら、すぐに元が取れるじゃん！

まてよ、トイレとシャワーだけ作って、そのままキャンプ場にしてもいいかも。

マンションのなかでアウトドアって、新しいよね？

ベランダでバーベキューもできるし。屋上に畑を作って、なんせ九〇平米もあるんだから、ヤギのほかに鶏も。

農業体験できるキャンプ場。マンション内だから、蛇に噛まれるとかの危険もないし。いいじゃん！

ってな感じで夢が広がったんだけど、どうしても「買います」とは言えなかった。

実は、共有廊下に腑に落ちないものが落ちていたのである。

犬のう〇こ（犬かどうかは確かめてないけど、猫にしては大きい）。

どうしても間に合わなくてついつい……、というエクスキューズ感はなくて、ダンボールにかりんとうを山ほど入れて、景気よくばらまいたくらいに足の踏み場がない。

ここは十二階建ての最上階だから、野良犬の通り道ではないわけで、大いなる謎である。

どうして犬の糞がここに？　と不動産屋さんに訊いたら、

「掃除するから問題ない」って言い切った。その問題意識のなさが問題で、根が深い。

管理組合はないから管理費はかからないというし、だからかマンション内ならどこに駐車してもいいというし、国境のガバガバ感を思わせる野放図な雰囲気。騒音おばさんやゴミ収集おじさんの類がいそうな、嫌な臭いが漂っていた。

ここで楽しく暮らすには、それ以上のキャラじゃないと厳しそうなのである。

ちなみに廃墟系の家もいくつか内覧したけれど、こちらはとてもとてもとても。

壁がぱっくり割れて、壁が傾いているとか普通。いつ倒壊しても文句を言えない感じ。

ある家なんか床が斜めってて、室内を覗くだけでめまいがした。

ジョージアの楽園は、敷居が高いのである。

７階建ての８階。窓が小さいのが残念（ジョージア）

秘湯―アゼルバイジャン

正宗、考えたら負けだ！

二〇一六年五月、ボクらは黒海とカスピ海に挟まれた地域、コーカサスにいた。

わざわざこんな奥まったところに立ち寄ったのは、楽園候補地ナンバーワンのジョージアがあるからだ。その手前のアルメニアで洞窟ハウスを見つけたのは、棚ぼただった。アゼルバイジャンにも何かあるかもと期待していたけれど、特にそれらしいものは見つからなかった。その代わりと言ってはなんだけど、温泉が充実していた。

Ｙｕｋｏ、ここらで旅の垢《あか》でも流そうよ。

「だねー。アゼルバイジャンは三つのタイプの温泉があるみたいよ」

ひとつは、山のなかの秘湯。

住所がはっきりしないからなかなかたどり着けないという隠し湯で、泣きたくなるほど道に迷ったたぶん、感動が大きい。効能のほどはさっぱりわからないけれど、腹が減った。

ふたつ目は、燃える温泉。

ぽこぽこと湧き上がるお湯に天然ガスが含まれていて、ライターの火を泡に近づける

だ。

と、

「あ、燃えた」

お湯の上で火が燃え続ける。効能は不明だけど、鰯の頭よりか、願いごとが叶いそう
「昼間だから、明るくてあんまりよく見えないね、火」

夜のほうが綺麗かもってＹｕｋｏが言うものだから、夜、露天風呂に忍び込んだ。

で、ぽこぽこ湧き上がる泡に火をつけた。

ぼうっ、と燃えた。蒼白い炎が湯の上を走る。

「綺麗だねー」

Ｙｕｋｏが喜んでくれたのは嬉しいけれど、その後、手でお湯をひっかけても火は消えてくれない！　バシャバシャとお湯をぶっかけても炎は不死鳥のように蘇った。

バケツを見つけたからいいようなものの、あやうく放火魔になるところだった。

みっつ目は、オイル風呂である。

アゼルバイジャンは産油国なので、売り物にならない質の悪い重油をお風呂として活用しているのだ――。と書いたところで気がついたけれど、これは温泉じゃないね。

でも、いまさら筋を変えられないのでそのまま話を続けさせていただくと、オイル風呂

稚内からアゼルバイジャンまで 25,936km
アゼルバイジャンの楽園度☆☆☆☆☆
温泉度★★★★☆
車中泊度★★★★☆

つきの安宿なんてものはなくて、そこそこ高級なホテルだけだった。銭湯もない。

なんとかならないものかと探し回って、オイル風呂のあるサナトリウムを見つけた。

おそらく、活力に欠けるおじいちゃんとおばあちゃんが入院する施設だ。

レセプションは、一泊二日のショートコースはないとか、医者の診断書がいるとか、いろいろ面倒なことを言っていたような気がしたけれど、笑っていたら宿泊を許された。

介護士然としたスタッフに案内されて小部屋に入ると、そこが個室風呂。お風呂というより診察室っぽい雰囲気で、外国の家によくある浅い浴槽がひとつあるだけ。お湯は入っていなくて、空っぽだった。

その横に、作業療法士みたいなお兄さんが立っている。

はて、なんなんでしょう、この人？　と思いながらも気にしていない風の顔をしていたら、「服を脱いでください」と言われた。

えっ、ここで？　お兄さんの前で脱ぐの？

女性は知らないだろうけれど、男はこういうとき、恥ずかしいそぶりを見せたら負けである。堂々としている感じを演出して、おずおずと脱ぐ。

パンツも？

目で問うと、あたりまえだろって顎で返された。

知らない男の人の前で、言うほどに使い込んでいない名刀、正宗をさらけ出した。

女性は知らないだろうけれど、男はこういうとき、意味的に違うが、〝武士は食わねど高楊枝〟の心意気で臨むものだ。決して、これ見よがしに見せつけてはいけない。ころあいがたいへん難しい。柳に風、という感じも悪くはないのだけれど、実際には、さりげなく膝を曲げたりして、なんとなく正宗を隠してみたりする。上手にやらないととても不自然なポーズとなる。たぶん、いま、ボク、不自然、である。

「オイルで汚れるから、ブレスレットを外してください」

あ、そうなんですか。ブレスレットを外そうとした。が、一年中付けっ放しなものだからなかなか外れなかった。もたもたしてたら、お兄さんが手伝ってくれた。

それでも簡単には取れなくて、こっちの紐をあっちにまわして、これがそっちであっちから、なんてアレコレしていたら、お兄さんの顔が正宗のすぐ上にあるじゃない！

正宗、ピンチ！

と思ったところで、ブレスレットが外れた。なんか、妙に汗が出た。顔、赤くない？

湯船を指さされた。

入れってことですよね？

水の入っていない浴槽にカラダを押し込むと、浴槽が浅くて狭いから、足と膝が上に出て、なんか下半身が世界の中心にありませんか？　変態に見えませんか？

正宗がぺろんと首を傾げている。

女性は知らないだろうけれど、男はこういうとき、手でまっすぐに直したりしないものである。けど、ぺろんはないだろ、ぺろんは、元気を出せよと励ましたくなる。でも元気になると困る。ころあいよく行け、とりあえず、へそに向かって真っ直ぐにならないか？

そんなことを考えているボクの裸体を上から眺めていたお兄さんが、おもむろに蛇口をひねった。真っ黒な液体がどろーりどろーりと流れてくる。

冷たくもなく温かくもない。ただただどろどろで黒く、かすかにガソリン臭い。カラダの低いところから、オイルに隠れてゆく。

正宗も少しずつ、黒にまみれてきた。はやくオイルに沈んでほしい。

お兄さんの視線の先を確かめるのが怖い――、という羞恥プレイは、その手の趣味はないのだけどもドキドキするものである。露出狂の気持ちがわかる。わかっちゃダメだ。

だから正宗、余計なことは考えないで。力を込めないで、リラックス！

こういうときは数学とかを考えて、意識を飛ばすのがいいのかもしれない。

数学というと、円周率。

三・一四。

秒速で終わった。

なんてことで無理やり意識を飛ばしているうちに、ようやく胸まで黒い液体に浸かった。やれやれだ。

お兄さんが蛇口を締めて、砂時計をひっくり返す。

オイル風呂の入浴は、一〇分間だけと決まっている。

というのもこのオイル風呂の効能は、発ガン性があるかも！　だから。

きっかり一〇分後、浴槽から出るように言われた。

あー、どっこいしょと立ち上がると、どろどろの黒い重油はカラダにべったりと張り付いていて流れ落ちなかった。正宗なんかどこにいるのか、行方不明だ。

これは、シャワーを浴びたところで落ちないでしょう？　と心配していたら、お兄さんが小さな靴べらみたいなもので、こそげ落とし始めた。

首筋からシュッシュッと。手慣れた感じでシュッシュッと。肩から胸へ。

オイルがひゅっひゅっと落ちて、肌が見えてきた。

へー、サービスがいいねー、って感心している場合じゃなか。

お兄さんっ、正宗はいいからね、しなくていいからね。

だから、自分でやるってばっ！

カスピ海の田舎道ならロシアに密入国できるかも。KGB 風の黒いスーツを着た連中に見つかって、叱られました（アゼルバイジャン）

クーデター——トルコ

バンバンバンと銃声を聴きながら

ジョージアから、トルコに入った。

トルコ人は親日家が多いから、旅人の土産話といえば、どれだけ親切にされたか——、どれだけご飯を奢ってもらったかが——、争点となる。

他人の自慢話は、けっこううざいものだ。そこでボクらも負けじと話したい。

入国して早々、アイスクリームを買ったところから、出血大サービスが始まった。

どっから来たの？　と訊かれて、日本からって答えたら無料になった。驚いた。トルコの買い物はクイズつきで、正解は日本。賞金は無料。ほんまかいな。

少々高級なレストランに入って奮発して肉を食べたときも、旦那からはお金は受け取れません、と丁寧に断られた。とはいえ、馬車馬のように食べまくったあとだったので、そんなわけにはいきません、お金は払いますから。いやいやいや、お代はけっこうです、みたいな押し問答をして、ようやく半額に負けてもらった。こりゃ、たいへんな国に来てしまった。うかうかしていると、ケツの毛まで奢られそうだ。

ガソリンスタンドでは、ついうっかりよそ見をしていたら、いつの間にやらピッカピカに洗車をされた。無料だから油断も隙もない。カフェでは隣のテーブルの人と目があってしまい、うっかり日本人と名乗ったがために「これ持ってけ！」と山ほどお土産をくれた。

空き地で休んでいたときは、逃げるんじゃねーって勢いでカップルが走ってきて殴られるんじゃないかと身構えたら、車のなかで食べてね♡とクッキーをひと箱持たされた。すれ違ったバイクのおじさんはわざわざUターンしてきて、

「日本人なのか？　じゃ、うちに来いよ。晩飯を食ってけよ」

見も知らぬおじさんに付いていくほど不用心なボクらではないが、言われるがままに家を訪ねたら、食いきれないほどのご馳走。竜宮城のような接待を受けたのである。一滴のビールもなかったのはつくづく残念だったたと罰当たりなことを考えてしまったので、食後はモスクに連れて行ってもらい、ムスリムの大軍に混ざって一緒に祈りを捧げた。

どうぞ、バチが当たりませぬように。

好意に甘えすぎないように、と自分を戒めながら首都イスタンブールに入り、無料宿泊の〝カウチサーフィン〟のお世話になった……ら、事件が起きたのである。

稚内からトルコまで 29,356km
トルコの楽園度★★★☆☆
ご飯美味い度★★★★★
おもてなし度★★★★★

夜、ホストのアイ嬢とビールを飲んでいたら（臨機応変なムスリムなのだ）、バンッバンッバンッ！　爆音が轟いた。

銃声かな……、アイ嬢が恐る恐る窓を開ける。彼女は二五歳の独身。Ｙｕｋｏさえいなければ！　と思うくらいのぽっちゃり美人である。それはいいとして、ぷわあー、ぷわあー、ぷわああーーーっ、けたたましい車のクラクション音が飛び込んできた。呼応するように、人々の雄叫びや絶叫が輪唱している。いったいどうしたのだ。シュプレヒコールにモスクのアザーン（礼拝への呼びかけ）が重なった。何を言ってるんだかまったくわからないというだけでも不気味でたまらないというのに、安物のスピーカーなのか、キャパを超えた音量なのか、バウバウに音が潰れていた。ばりばりに世紀末ください。

誰かと携帯で話をしていたアイ嬢が、「クーデターみたい」と半べそをかき始めた。

クーデター？　それはヤバくね？　やにわに立ち上がる。暴動とか内戦になるのか？　国境を閉鎖されるのだろうか？　銃弾をくぐり抜けてヨーロッパに行けるのか？　テロリストたちに拉致られるかも？　と心配してみたけれど、正直、おやじ狩りなら心から怯えるボクらだが、クーデターともなると教科書上の出来事。少しも怖くないのである。鼻毛のキューティクルほどにもつかみどころのない危機感なので、銃声を聴きながら、普通に眠った。

翌日、アイ嬢に「危ないから行かないで！」と言われた気がしなくもないけれど、そうは言っても心に染みぬ緊迫感だから、ま、なんとかなるだろうと、ボスポラス海峡へ向かった。橋の先は政治経済の中心地である。たぶんより一層深みのあるクーデター地帯だ。

橋のたもとでは、戦車の砲身がこちらを睨みつけていた。が、こういうのは一度撃たれてみないと痛みはわからないもので、心に訴えてこない。

なんにしろ、クーデターにしては、太陽がいっぱいなのである。

繁華街では、デモ隊みたいな連中が三畳ほどもありそうな大きな国旗を振り回して何やら叫んでいる。喜んでいるのか怒っているのかよくわからないが、殺気立っているのはわかる。空気が毛羽立っているし、いつものおもてなし感がなかった。そもそも笑顔がないじゃない。

どっから来たの？　って訊かれて、日本人、と答えたら正解だろうか。

今日から、間違いだったりして。捕まったりして。

とりあえず外国人だとバレないように気配を消して、うつむき加減に宿を探そう。

ふと見ると、商店のガラスに銃痕の穴が空いていた。

はじめて、股間がきゅっとなった。

クーデターでも大はしゃぎの娘さん。撃たれても知らんよ！（トルコ）
←〈ショート動画〉田舎道をのんびりクルージング

シェンゲン協定—ヨーロッパ

アフリカ上陸日が決まってしまった

ヨーロッパ旅は少しややこしいところがあるので、メモを片手に読んでいただきたい。

トルコのイスタンブールでボスポラス海峡を越えると、ヨーロッパ側である。

あくまでも、〝側〟である。

ボクらＣｈｉｎ号一行は、二〇一六年七月下旬にトルコからブルガリアに入った。

ここからＥＵ圏になる。俗に言うヨーロッパである。

やっとアジアを抜け出せた〜、とひと仕事終えた気分になったけれど、ボクら的にはまだ〝俗に言う〟という枕詞がついている（それにしても一年で南アフリカに着くつもりだったのに、ヨーロッパまでで十一か月とは。末恐ろしい旅になってきた）。

この枕詞が取れるのは、ルーマニアからハンガリーに入ったときだ。

ここから〝シェンゲン協定〟圏ということで、ボクらのようにだらだらと旅をする者にとって、本当のヨーロッパが始まるのである。

シェンゲン協定——、これはヨーロッパに長期滞在するときのルールである。加盟国は

ＥＵとほぼ同じで（まったく同じでないところが罠）、二六か国。二六か国ぜんぶあわせて、九〇日間しか旅行できない。ケチな制度なのだ。

もしフランス、ドイツ、イタリア等々をまわって九〇日が経ったなら、一度シェンゲン以外の国へ出なくてはならない。出るだけではなく、九〇日間は戻って来られないという底意地の悪い制度である。

そのため八月二六日にハンガリーに入ったボクらのお尻は、九〇日後の十一月二三日。アフリカ上陸日が決まってしまったのである。うちのＣｈｉｎ号は人様より足が遅いから、間に合うだろうかと、なんとも気の重いお尻なのである。

しかしルールならばしかたあるまい、潔くスペインを目指して一路、西へ！

……目指したかというとさにあらず。ぐいっと、ハンドルを北へ切った。

Ｙｕｋｏ、寄り道をしようよ。

どうせ旅は遅れているんだ、これ以上は無理です、行けませんっ！ってくらい、世界の果てを目指そう！

軽キャンパーの北限を目指そう！

なんてことを言ったがために、あとで苦労をするのである。

稚内からブルガリアまで 32,663km
ヨーロッパの楽園度★★★★☆
スーパーマーケッ度★★★★☆
キャンプ場★★★★☆

ゆとりの海水浴。右から5台目がChin号（デンマーク）

オーロラ―アイスランド

キャンピングカーの最北端

世界の果てまで寄り道しよう！　と、ハンガリーを北上した。

オーストリアからドイツに入り、ルクセンブルクをすり抜けてオランダ、デンマークと駆け上がる。国境はひとつもない。素晴らしい。人類、やればできるじゃないか！

しかしだ人類、というかドイツ人、少しやりすぎである。

速度無制限とかいう、レーシング場みたいな高速道路があると聞いている。

便利なつもりかもしれないが、ボクらには鬼門だ。Ｃｈｉｎ号は一〇〇キロも出すと息も絶え絶えになるのである。何百キロ出してもいいよ、と言われても困るのである。

そんなところを走ったら轢かれて死ぬのである。間違っても高速道路に迷い込むことのないよう、逃亡者のように、山の中や田畑のあぜ道を紡いでは道に迷っていた。

デンマークの北端に到達した。しかし今回、端っこは目的地ではない。食料品店でインスタントラーメンをしこたま買い、ヒアツハルス港からフェリーに乗った。

三泊四日も波に揺られた先に、おめあての〝世界の果て〟が浮かんでいるのだ。

アイスランド――、である。

これ以上北はマイカーと行けない。すなわち、キャンピングカー界の北限に来たのだ。

草木の生えていない茫々《ぼうぼう》たるハゲ島を見渡して、あらためてＣｈｉｎ号を振り返る。

適材適所でない感がひしひしと漂うわけで、大丈夫かな、こんな車で。

フェリーの乗客がＣｈｉｎ号を見ては「なにこれ？」っていちいち驚くんだけど、お願いです、そんな目で見ないでください。少し、後悔しているんですから。


船は、東海岸のセイジスフィヨルズル港に着いた。

三〇キロ離れた町エイイルススタジルまで走り、空港で旅友《たびとも》を迎えた。

メキシコで知り合ったＫ嬢をゲストに、アイスランドをまわるのである。

Ｋ嬢よ、世界の果ての孤島とはいえ、外周道路は綺麗に舗装されているようです。単純に一周する分にはまったく問題はないでしょう。かといってただ一周したのでは、「アイスランドって、意外にたいしたことないじゃん」って言いかねないよね。

運転手としてそれは寂しい。できれば君の走馬灯ベストスリーに入るくらいの業績を残したい。逝くとき、アイスランドは楽しかったなあと思い出してほしい。

そのため、折をみては内陸部へ突っ込むつもりです。期待してほしい。未舗装道路の、

稚内からアイスランドまで 35,101km
アイスランドの楽園度★★★☆☆
前人未踏感★★★★☆
車中泊度★★★★☆

土とか泥のでこぼこ道をつき進めば、必ずやデンジャラス風味があります。ときにはシロクマが上陸することもあるというし、思い出づくりに頑張ります。

とはいえ、雪が積もっていたらすぐに撤退します。冬タイヤはデンマークの宿に置いてきて、夏タイヤなので。

内陸部を探検すると、幾度となく川に阻まれた。

メダカが泳いでいそうなルビコン川なら勇猛果敢に渡ったけれど、地質調査隊に、「この川はあかんだろ。いい加減にしとけ」と説得されることもあった。

ですよねー、と頭をぽりぽり掻きながらあらためてあたりを見渡すと、その昔、入植者が切りすぎたために、見晴らし満点のハゲた山々。

肌荒れしたゴツゴツの大地を苔が這いつくし、彩度は低いながらも紅葉していた。

冷たい風の節々が顔をひっかいてくれて、お呼びでない感が半端なかった。

夜ともなると、たびたび暴風雨に見舞われた。さすが北極のとば口、牛が飛んでいそうな突風が吹き荒れる。「天地創造とはかくありなん」と文学的に表現したい。当時の日記を読みかえすと、「Ｃｈｉｎ号は、ジョギングする巨乳のごとく揺れまくる」とあった。

Ｋ嬢が休耕中のビニールハウスのなかにテントを張った夜、オーロラが爆発した。

オーロラは以前、アラスカやカナダで見たことがあるが、比べるにあれは上品だった。いまボクらの頭の上で踊っているのは、台風に晒されたカーテン以上に忙《せわ》しない。あっちだそっちだと追いかけたらすーっと消え、こっちだそっちだと騒ぐとひゅいっと逃げてゆく。右目と左目を別々に動かしても追いつかないほど、荒ぶっていた。

Ｃｈｉｎ号の上をはためくオーロラほど感動するものはあるまい。

最高の旅の思い出ができたと思ったけれど、首都レイキャビクで首位の座を奪われた。帰国の途につく観光客が、その車、可愛いねって言って、食べきれなかった食材を貢いでくれるのだ。さすがのオーロラも、ステーキ肉一キロとか、ＢＢＱセットとか、佃煮とか、その他もろもろの高級食材には勝てないのである。

いただいた韓国海苔を食べながら、毎日、危なくない程度の冒険を求めて走りまわっていた。残念ながらひとつの事件に遭うこともなく一周ドライブが終わりそうなある日、性懲りもなく前人未到風味の大地を突っ走ってみた。

なんか、おもしろきコトが起きないものかと。

カラカラに乾いた土漠を走るＣｈｉｎ号は洗濯板の上をゆくがごとく、んががががががと振動音を立てた。

そそそれれれはいいいいいとして、どどどういうううわけけか、ままま、まっすぐに走れない。ななななんだか車が妙にふらふらする。ふらふら？

そんなに風が強いのか？　と外に出て確かめてみると、さほど風は吹いていない。

はて？

どこか故障でもしたんだろうかとよくよく車を見たら、パンクをしていたのである。

なんてこった！

K嬢にいいところを見せようとして、ちょっと調子に乗りすぎただろうか。

まあしかし、単なるパンクだ。そんなにあわてることはない。タイヤを外してつけるだけだから。予備タイヤはあるし。大丈夫、君にもできる。まずアレだ、グーグルだ。

「パンク　タイヤ交換」

あ、念のため、「パンク　タイヤ交換　はじめて」としておこう。

どれどれ……、なるほど、難しくはなさそうだ。

えーとまずは、スペアタイヤを車の下に置く。了解。それからネジを少し緩ませる。オッケーです。で、ジャッキをかませる、と。どこにジャッキをかませるんだかよくわからないけど、ま、この辺かな。テキトーでいいよね。で、ネジをくるくる〜とまわす。まわったまわった。順調、順調。ノープロブレム！

と思っていたのは一分少々で、少しずつ少しずつジャッキが斜めってきた。

おーっとっとっと、あかんあかんあかんあかんと思ったときには遅かった。

ジャッキが倒れてしまった。

ちょうどうまい具合に、ジャッキがスペアタイヤと車の間に挟まってくれたものだから、取り出せなくなってしまった。押しても引いてもピクリともしない。試しに車を持ち上げようとしてみたけれど、軽自動車とはいえ、重かった。

えーと、どうしたらいいのだろう？

なんとかならないものかと、車のまわりをうろうろ歩いて、なにげなくパンクをしていない健康なタイヤに目をやると、見慣れぬものが！

タイヤから金属製の繊維がはみ出していた。ぶおっと脇毛のように。よく見ると、溝らしき溝が一ミリもない。タイヤについては詳しくないからはっきりしたことは言えないけれど、これはとっくに寿命を過ぎているのではないだろうか？

落ち着け。まず、落ち着け。ゆっくりと深呼吸。そしてアレだ、K嬢に悟られないようにこっそりとグーグルだ。

「タイヤ　脇毛　はみ出てる」

願ってもないピンチがやってきた気がするけれど、K嬢には言わないでおこうっと。

スペアタイヤが足りないから。

3243

流氷に乗れば、北極で車中泊（アイスランド）

故障——ヨーロッパ

みんな、逝かないで！

脇毛の生えたＣｈｉｎ号に恐れをなし、なるべくタイヤに負担をかけぬよう優しくアクセルを踏み、そーっとアイスランド一周を終えた。

空港でＫ嬢を見送り、フェリーに揺られて三泊四日、デンマークに戻った。

夏休みは終わった。

山ほど宿題（仕事）がたまっているけれど、とりあえず、赤べこのようにゆらゆら揺れる陸酔いの頭で、今後のことを考えよう。

スペインまで三五〇〇キロ。稚内から鹿児島の二八〇〇キロより遠いけれど、まんず、いける。たいしたことはない。アイスランド一周は三一八〇キロだったことだし。

まず、脇毛タイヤを取り替えよう。

となると予備タイヤが心もとないと、赤べこは心配になった。

アフリカのタイヤ事情はどんなものかと、「ＡＦＲＩＣＡ（国名）（タイヤのサイズ）」で英語検索したところ、軽自動車のタイヤはひとつもヒットしなかった。

どんまいどんまい、想定内だ。これではっきりしたのは、アフリカで脇毛が生えたら、どうにもならんってことだ。タイヤは〝絶対に〟ヨーロッパで手に入れねばならぬ。

「Ｙｕｋｏ、大至急、タイヤを探して！」

旅の命運を握る重大な任務だけど、ここはあえてＹｕｋｏに託そう。

あ、それから、そろそろ車の保険が切れるから、

「保険も探して。一番安い国の一番安い代理店ね」

ヨーロッパ全域で使える「グリーンカード」と呼ばれる保険は、国や会社によって値段がまちまちなのである（エビデンスは〝わが輩調べ〟だから、まったくあてにならない）。

非常に難易度の高いミッションだけれど、これもまたあえてＹｕｋｏに委ねる。

で、忙しいところ申し訳ないんだけど、

「スペインまでのルートはできるだけ最短でお願いね。もちろん高速道路は避けて」

ルート工作は、普段からＹｕｋｏの担当である。

「キャンプ場はスーパーマーケットの近くで、必ずインターネットのあるところにしてくれる？」寝場所の確保もＹｕｋｏのルーティンなのだ。

ちなみに、ネットならＳＩＭカードを買えよって話は、ヨーロッパで国ごとにＳＩＭを買っていたらお金がもったいないじゃん、ってことで勘弁していただきたい。

「キャンプ場なんだけどね、十月半ばだからか、わりと閉まってるんだよね」

Ｙｕｋｏが嘆く。ヨーロッパのキャンプ場は案外根性がなくて、まだ秋だというのに冬休みに入り始めていた。なるほど、そうなんだ。でも、それはそれ、なんとかして。

タイヤ、保険、ルート決め、キャンプ場選びとＹｕｋｏの担当が多いようだけれど、心配には及ばない。あとは、先々の国の情報収集とか、すべての支払い関係、家計簿、洗濯、縫い物、茶碗洗いぐらいだから。

ボクの担当は、キャンプ場で料理するとき、調理用ストーブに火をつけることだ。うちのストーブはガソリン式なので、毎回、スポスポスポスポとポンピングをして、ボンベ内の圧力を高めなくてはならない。けっこう腕力と根気のいる仕事である。

そしたらある日、スカスカスカスカ……とスカした音がし始めて、ストーブが壊れてしまった。パッキンが逝かれたようだ。おかずを作れないどころか、お湯も沸かせなくなってしまった。担当もなくなった。ついでに言うと、ボクのスマホも壊れた。

困った。飯が食えないじゃん。

と悩むその陰で、まさに飯の食い上げ的特大の不幸が、音もなく忍び寄っていたのである。

パソコンが、挙動不審なのだ。

画面に謎の線が入るようになった。

最初のころは、おずおずと数本だけ。それがいつの間にか、堂々とむっちゃいっぱい。

たまに、太さが五センチ以上もある立派な黒い線に育っていて、画面の下しか見えない。

腰をかがめながら仕事をしているような、女性のスカートのなかを覗き込んでいるような、顔の角度で働いた。

朝は、今際の際のじいさんのように、じいさんじいさんじいさんと五回くらいスイッチを押さないと起き上がらなくなった。昼にもなると体力が落ちるのか、画面がぷるぷる震える。そんなときはモニターの後ろ側を優しくさすると、おとなしくなった。

もしかしてじいさん、寿命が近づいていてないかい？

この勢いだと、アフリカで逝くんじゃないの。勘弁してよ、アフリカにＭａｃなんて売ってないよ。タイヤだってないんだから。

もし、アフリカでご臨終ともなれば、仕事ができない↓リモートワーク終了↓旅終了↓帰国↓就職活動――。って、誰も雇ってくれないです、こんなじいさん（ボクのこと）。

ヨーロッパでＭａｃを買おう。

でも、キーボードが英語になるんじゃないだろうか。

あるいは、どこかの国の謎の文字になってしまうんじゃないか。フランス語とかエスペラント語とか、それは困る。

高くつきそうだけど、日本のネットショップで買ってスペインに送ることにした。

シェンゲン協定のお尻まで、まだひと月ある。

いま注文すれば余裕で間にあうだろう、と思ったのだ。

ところが、スペインと日本の宅配便的距離は遠いようで近かったんだけれど、事務連絡のリズムが合わなかった。

各中継点の担当者が、なんだかんだとぱらぱらと質問してくる。

ボクらはSIMカードをケチっているから、日中は電話連絡がままならない。

電話をすると、少々お待ちくださいと待たされている間にチャージが切れる。ネット電話を使おうとすると、アプリがたち上がらなかったり、暗証番号を思い出せなかったりして、ついつい返信が遅れる。対して彼らは、週末になるときっちりと休んでしまう。

ひと月の猶予が三週間を切った。

タイヤはバルセロナで手に入ったけど（万歳！）、パソコンは一向に届かなかった。

二週間を切った。

焦る。お腹が痛いのに快速電車に乗るような如何ともしがたいまんじり感が続き、いてもたってもいられない。失敗すると職安通いが待っている。五臓六腑がむかむかする。

あと一週間、六日、五日、四日……、三……、二……。

ああ、もうダメだ、もうあかん、楽園探しの旅が終わってしまう、就活だ、と肩を落としたシェンゲン協定八九日目の夕方、パソコンを受け取ったのだった。

倉庫街の片隅でダンボールを手にしたときは、恥ずかしながら涙目だったのではないだろうか。で、十一万円のパソコンに三万円もの税金を盗《と》られて、泣き崩れた。

翌日、駆け込むようにしてモロッコ行きのフェリーに乗り、稲妻の轟くジブラルタル海峡を渡ったのである。


いよいよ、楽園探しの旅はアフリカ編へと突入してゆく。

はたして、軽自動車なんぞで、南アフリカにたどり着けるのか。

少しだけネタバレすると、賄賂、カツアゲ、イスラム過激派、反政府ゲリラ、ビザ問題、毎日の停電、マラリア蚊、雨季、洪水、暑くて暑くて暑くて暑くて……。

お腹が痛いのに快速電車に乗るようなまんじり感が五臓六腑を貫いて、どうしてアフリカが発展しないのか、心身ともにわかりました。

馬車のタイヤは、Chin 号のものより大きい（ルーマニア）

遭難―モロッコ

地獄に仏は、右手を出す（前編）

アフリカ大陸に上陸した。

実に、稚内から十五か月、五万キロも走ってしまった。

Ｙｕｋｏ、お疲れさま。ボクの胸算用では、稚内・南アフリカの往復で六万キロだったから、誤差とは言えないくらい誤差があるけれど、細かいコトは忘れてください。

それより、ついに来たぞ！　という熱い思いが鼻毛をそよがすほどにも湧き上がらないのはナゼなのか。どちらかというと、〝あいやー、ついに来てしまったか〟って感じだ。下っ腹の隅っこでは、まだ引き返せるぞって誰かが囁いている気がしたが、しのごの言ってる暇はなかった。

第一目標は、雨季に巻き込まれる前に西アフリカを抜けることである。

スペアタイヤは、新旧あわせて八本。ネットで探してもアフリカに軽自動車のタイヤは見つからないから、これがなくならないうちにヨーロッパに戻らなければならない。

これがアフリカドライブにおける最重要事項だ。

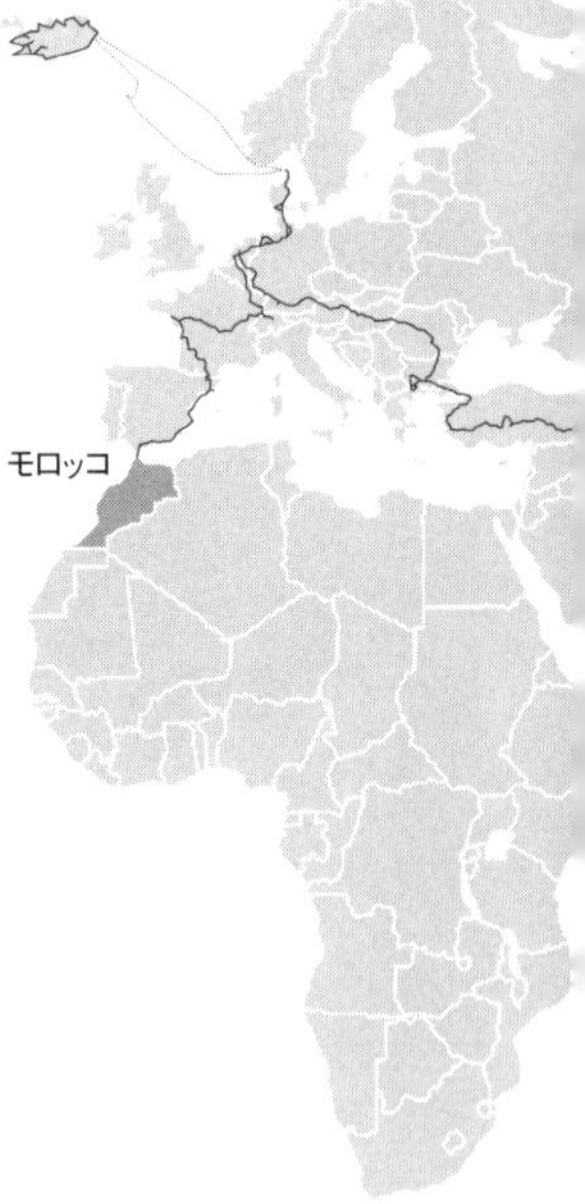

ついでに部品も見つからなかったから、かたく故障はご法度である。


アフリカの一か国目は、モロッコ。

ヨーロッパ人のリゾート地にしては、さほど西欧化された感がない。

これぞアフリカ！　といった熱帯雨林ならではの汗臭いベタベタ感もない。人々はこざっぱりとした服を着ているし、民族衣装は奇抜ではなく、すっきりとして清潔感がある。カラダつきも武闘派に見えないし、優しそうな醤油顔で、肌の色はソースではない。

日本の団体さんが来るような有名観光地は忙しないが、ほかはのんびりした田舎だった。

イスラム教の国とはいえ、お酒や豚肉はなんとかなるし、泳いで渡れるほどヨーロッパに近いので、欲しいモノはたいてい手に入る。物価も安いし、俄然、楽園候補地である。

キャンプ場がたくさんあり、アフリカ・ドライブの入門編としても手頃だった。

アトラス山脈を目指して、内陸部を南へ下った。

ときどきヤシの林を見かけるけど、サハラ砂漠に近づいているからか、からっからに乾いた土漠が続く。切り立った崖がそびえるトドラ渓谷に入り、宿をとった。

宿の本棚を眺めていたＹｕｋｏが、

稚内からモロッコまで 51,083km
モロッコの楽園度☆☆☆☆☆
アルコール度★☆☆☆☆
キャンプ場★★★★☆

「珍しいものを見つけちゃった。情報ノート」

「手描きの地図があって、川を渡って山をまわれば、渓谷まで歩けるって。三時間で」

いまどき手描きの地図とは珍しいね。宝物を探すみたいでロマンチックじゃん。

じゃあ今日は、スマホの電源を切って、のんびり散歩を楽しみましょう！


って、歩き出して、もう五時間だ。

おかしくね？

あらためて地図を見ると、目印は、岩とか、山とか、穴とか、草。あたりを見渡せば、岩とか山とか穴。草があったりなかったり。目印だらけだった。

もしかして、迷子になったのかも。

一番高い丘に登ってあたりを見渡すと、三六〇度、ずずずいーっとハゲた山が折り重なっていた。ハゲの後ろに控えるハゲ。ハゲの横に佇むハゲといったハゲた連峰。ちっともロマンチックじゃない。地球の裏側まで見渡せそうな絶景に、人はおろか一軒の家も見えない。一本の木も生えていない。ひと筋の道とおぼしき線もなかった。

不毛の怖さとは、何もないことが見えすぎることである。

スマホの電源を入れて地図アプリを開いたＹｕｋｏが、

「渓谷とは違う方向に来ちゃったみたい」

東京から大阪を目指していたら新潟に着いちゃった、くらいの誤差だった。どうもボクら、誤差が大胆だ。後ろを振り返っても、来た道を戻れそうにない。というかそもそも道なんて歩いていなかった。足跡は残っていなかった。

スマホの地図を拡大縮小しても、まわりには一本の線も一粒の点もなかった。

画面は真っ白で、手がかりはまったくなかったのである。

ガチで迷子じゃん！

機を見るに敏なボクは、速攻で腰が抜けそうになったけれど、

「方角的には、あの山の向こうに村があるみたい」

「あやうく、迷うところだったねー」

Ｙｕｋｏ的には、まだ迷子になっていないらしい。でも、よく聞いてほしい。

いいですか、五時間かけて歩いた距離を三時間で戻らないと、日が沈む。

暗くなる前に帰り道を見つけられなかったら、そこからは立派な遭難なのだ。

わかった？

聞いてないようだけど、まあいいや。とりあえず、村があると思われる方向へ歩いた。

寄る辺のない土漠を歩くとは、なんと心細いことか。目印がないから希望も達成感も何

もないと愚痴っていたら、前方にラクダを発見し、その陰に何やらうごめくものが。

あ、人だ！

衣装からすると、しつこい物売りで名を馳せた世界三大ウザい民族のベルベル人のようだ。しかしこの際ウザくても地獄に仏だ。

お見受けしたところ、純朴そうな青年だった。小さなお口につぶらなお目々、控えめなお鼻。表情に乏しいけれど、悪人には見えない。

「ボンソワール、ボクらどうも道に迷ったみたいで、村はどちらですかね？」

「村ですか、それはですねー」

と考えている風だったが、お目々をパチクリさせたあとはこちらをじっと見るだけ。

やがて、何も言わずに黙って右手を差し出した。

？

もしかして、お金？

いきなりお金かよって思ったけれど、まあ、しかたがない。うざいことで有名なベルベル人だ。仏だと思えばお布施だ。

小銭を渡した。青年はひと言もお礼を言わずにポケットにしまい、ラクダを引き連れてトボトボと歩き始めた。ほんとにトボトボと。世界一、やる気なさそうに。

夕方が迫っていたから急いでほしかったけれど、言葉はほとんど通じないし、機嫌を損ねてはいけないと遠慮していたら、一〇〇メートルと歩かぬうちに岩に腰掛けた。なんのエクスキューズもなく。ああ、やれやれって顔で。

どうしたの、ラクダ君？

それには答えず、黙って右手を差し出した彼だ。

もしかして、もう追加料金ですかっ！

は、早すぎませんかっ！

ちょっとしか歩いてないじゃん！

さすがベルベル～、がめついわ～、ありえないわ～。

しかしボクらに拒否権はないわけで、しぶしぶ払った。

そしてまた一〇〇メートルほどで、休憩だ。で、右手だ。

またあ？

って文句を垂れた舌の根も乾かぬうちに、一〇〇メートル、休憩、右手。

ラクダあああああっ、いい加減にせんかい！　って気持ちをオブラートに包んで優しく伝えたら、ストライキに突入したのである。

勘弁してよと思いつつ、後編へ続く。

このときはまだ、筋のような道があった（モロッコ）
←〈ショート動画〉キャンプ場はどこ？

遭難―モロッコ

地獄に仏は、右手を出す（後編）

英語はひと言も通じないのに、「ラクダあああああっ、いい加減にせんかい！」という日本語の心の声はわかったみたいで、突然、岩のように動かなくなった。

怒るでもなく笑うでもなく交渉もしない、ぼんやり座っているというお地蔵さまのようなストライキである。空気のようにつかみどころがないが、完璧な意思表示だった。

おそるべし、ベルベル。負けました。観念してお金を払った。

これを幾度か繰り返して、これが最後の小銭です。これでなんとかしてくださいと、すがるようにお金を払ったそのとき、彼の足元にキラリと光るモノを見た。

いや、実際にはこれっぽっちも光ってなかったのだけど、箒で掃いたような頼りない筋があったのだ。

Ｙｕｋｏ、これって、道かも。

地図アプリを見ると、細い線が引かれていた。

「この線をたどるとね、村まで続いているよ」

やったー、道に出たーというわけでラクダ君、た、い、へ、ん、お世話になりました！

君の因業ぶりには泣かされましたが、いい勉強になりました。

では、お元気で！　って逃げるように別れたら、これが大失敗だったのである。

地図の線は、大自然の罠だったのだ。


右手にスマホを握って、地図から目を離さずに細道を辿った。

箒の跡ぐらいだった頼りない筋は、少しずつ砂が混じりだし、やがて砂が小石に成長し、はっきりと道になった。

おお、道だ道だ。

ときどき不可解な蛇行をするが、愛嬌だ。やがて、道路公団が砂利を敷いたくらいに立派になった。車道と呼んでいいくらいの幅がある、頼もしい。足取りが軽くなった。

太陽が西に傾いて、ハゲた連峰がオレンジ色に染まり、日没はもうすぐ。

地図によると村はまだまだ遠いから、これでは途中で夜になる。しかしスマホのライトを使えば、道から外れることはないだろう。予備バッテリーは十分にあるし。

宿に帰れる！

嬉しさ余ってＹｕｋｏと手をつないで歩いていたら、砂利はますます大きくなった。

梅干しくらいだった石が握りこぶしに。いつの間にかランドセルサイズがごろっごろだ。そして机サイズ。太った冷蔵庫みたいな巨石が混ざり出して、まっすぐに歩けなくなった。

岩によじ登って、岩を飛び越え、岩を降りて岩に登る。

もはや道とは思えないわけで、これって、もしかして……、

「水なし川かも」

だから、ときどき蛇行していたのか！

謎が解けたころ、日が沈んだ。

ああ、とうとう日が暮れてしまった。でも、まだ明るさの余韻がある。

水なし川でもなんでもいいから、真っ暗になる前に少しでも村に近づかねばと、ひときわ大きな岩に登ったら、目の前がぱあああああああああっとひらけた。

地球のてっぺんを制したような解放感が広がった。鳥になって大空を飛んでいるように。

これ、インスタに写真を載せれば、〃いいね！〃が一万個はつきそうな絶景じゃねって感動しながら足もとを見たら、さらなる絶景が！

崖だった。お股の下には何もないのだ。落差数十メートルはありそうな、水のない滝。

いつの間にか、ボクらは渓谷の上に来ていたのだった。尿漏れ級の絶景を股間に望み、膝が震え、腰が砕け、全身の関節から力が抜けた。すがりつくように岩から下りた。

近くの丘に上がってほかに道はないものかと走り回ったが、左へ延びた崖は右に続いているようにしか見えなかった。

「Ｔｈｅ Ｅｎｄ」と書かれた夜の帳が下りたのだった。

こうして、正式に遭難が決定したのである。

月は煌々と輝いていたが、気分は一寸先も真っ暗闇。夢も希望もありゃしない。

「あの灯りが村かも」

Ｙｕｋｏがとっても素敵なものを見つけちゃったの、みたいなテンションで指をさしていたが、崖を下りないと近づけない。

崖っぷちから下を覗いたら、下界はもはや闇に沈んでいた。

このままだと、ここで野宿だ。

十二月の北半球の山の上、砂漠や土漠の夜は氷点下になるんじゃなかったっけ？

上着を持ってきていないから、この薄着では朝まで持ちそうにない。

しかし、凍え死ぬにしてもまだ時間がある。そうだ、諦めるにはまだ早い。早いぞ。

とりあえず、大きな声で助けを呼んでみよう。

へえええ、るっ、っぷうううう!

Ｙｕｋｏさん、変な人を見るような目でこっちを見ないでください。一緒に声をあわせましょうよ。誰もいないとはいえ、大声を出すのってけっこう恥ずかしいんだから。今度はフランス語でいくよ。

ぼんっっっっっ、そわっっっっっ、るうううう!


やっぱ、恥ずかしかっ!

死ぬか生きるかの名場面でも照れるもんだねえ、と頭をぽりぽりしていたら、水なし川の対岸に、ひょこっと人影が浮かんだ。ミーアキャットみたいに。

なんだあー、どしたんだあーって感じでこっちを見ている。

いるじゃん、人がいるじゃん!

おおおおーーーーい、こっちですう、へーるっぷうううって両手を振ったら、走って来た。生活に疲れた感じの痩せたおばさんと、五歳くらいの無愛想な男の子が。

助かったー、ありがとう、夜になって遭難してしまったのです。

崖で前に進めないし、死ぬかと思いました。すみません、お手数ですが村まで案内して
くれませんか？　ほら、あの灯りの村ですって指をさしたけれど、たぶんひと言も通じて
いないですよね。うんともすんとも反応がない。目が死んでいる。

でも、さすが地獄に仏のベルベル人です、言葉はわからなくても、察しが早い。

黙って右手を出してくれました。調子に乗って、お坊ちゃんまで。

ええ、ええ、払いますから、地獄の沙汰も金次第ですから、ナンボでも払います。

助けてくれるならば、と、日本円にして二〇〇円ほどのお札を渡して、

「お釣り、もらえますか？」

って言ったら、聞こえないフリをしたおばさんの目。察しがいいくせに。

宿にたどり着いたのは、夜の八時をすぎていた。

迷子と気づいてから、実に七時間もさまよっていたのである。

仏へのお布施は、全部で五〇〇円なり。

サハラ砂漠をまっすぐ行けば、近道できる（モロッコ）

地雷地帯――西サハラ／モーリタニア

世界一危険なデリケート・ゾーンを走れ

自分でハンドルを握る旅ともなると、そのほとんどは名もしれぬ街道を走ることになる。

休憩も食事も宿も、地図にも載っていないような人知れぬ集落でとることが多い。

いつ、どんな未知との遭遇と出くわすかわからないから、常日頃から台風なみの臆病風を吹かしている。

それなのにどういう風の吹き回しか、ときどき生きるの死ぬのと騒ぐのである。

きな臭い独立紛争中の西サハラから、モーリタニアへ入る。

西サハラ側の国境で出国スタンプをもらい、モーリタニアに向かってハンドルを切ったところ、

「待てーっ！」

バックミラーを覗くと、誰かが叫びながら走ってきた。

それが尋常じゃないスピードで、ただごとじゃない顔をしていた。

臨場感を出すために、見よう見まねの関西弁に訳すと、

「待だんがいっ、ごらーっ！」って感じだ。

どうして怒っているのか見当もつかないし、物売りには見えない。人は見た目が九割ならば、立派な半グレだ。彼を待っていてもいいことがあるとは思えないから、聞こえないふりをして、そっとアクセルを踏んだ。

「なにしとんねん、止まらんがいっ！」

「待たんがいっ！」

いつの間にかふたりに増えている！　と驚いたら、左側にもランナーが。

「止まれーーーっ、ゆーとるだろうがあーっ！」

極道が本気（まじ）で怒った！　みたいな形相は、十時十分のつり目になっていた。

「勝手に行くどおおお……」

陸上部？　ってくらいのダッシュでぐんぐん追い上げてきて、

「死ぬでーーーーっ！」

左右のサイドミラーは、隙間なく極道顔。トップを走る選手は運転席のほぼ真横まで追いつき、窓枠に手が届いてしまった。

稚内から西サハラまで 52,503km
西サハラの楽園度☆☆☆☆☆
前人未踏感★★★★★
アルコール度☆☆☆☆☆

「案内するっっっ、（ひと呼吸いれて）ゆーとるだろうがあああああーっ！」

えっ、もしかしてガイドさんなんですか？

でも、そんな喧嘩上等！　みたいな血走った目で言われても、とてもお願いしたいとは思えないわけで、人形のようにまっすぐ前を向いたまま、アクセルを深く踏んだ。

「あんだら、死ぬどおおおおおおおおおおおおおおおおおおおお！」

サイドミラーに映らなくなったのを確かめてから、車を停めた。

たとえガイドにしてもだ、あんなに怖い顔で追いかけられたら、どんなに気持ちのいいところに連れて行ってくれるとしても頼みたくない。それにしてもこんなところで何を案内するつもりなのか。

目の前に広がる荒野を見て、あ、さては、と思いあたった。

彼らが案内するのは、悪名高き西サハラとモーリタニアの緩衝地帯かも。

通称「ノー・マンズ・ランド（No Man's Land）」。

アフリカ・ドライブの非公式危険アトラクション「金賞」間違いなしの緩衝地帯は、意訳すると「生きてここを出られると思うなよ！」である。

紛争華やかなりしころの地雷が埋まったままで、誰でも利用できる普通の国境としては、世界一危ないデリケートゾーンだと聞いている。

本日のボクらの課題は、この地雷地帯を軽自動車で走り抜けることだった。

もちろん、この命がけのミッションに対してボクらは慎重の上にも慎重に検討した。

「道から外れなければ、地雷を踏むことはないよね」

「もし道がなくても、轍をたどれば安全だよね」

珍しく筋道の通ったことを言うＹｕｋｏを信じて、「行ける！」と踏んだのだ。

ところが実際に今「ノー・マンズ・ランド」を目の前にしてみると、「逝ける？」って感じになってきた。

「道なんて……、ないねぇ」

確かに、一センチもない。

「轍もないじゃんねぇ」

地面はコンクリートのような硬い岩盤。うっすらと砂がかかっているが、一筋のタイヤ痕も見えない。

「道なき道とは、思わなかったねぇ」

思わなかったねえ……、誰かいないだろうかとあたりを見回しても、

「誰も歩いてないねぇ」

看板にうそ偽りのない「ノー・マンズ・ランド」だった。

野良犬すらいない。岩盤と岩が広がっているだけ。風すら吹いていない。

ここ、本当に走っていいんだろうか？　この先に国境なんかあるんだろうか？　そもそもこんな硬い地面に地雷を埋められるんだろうか？

まさかさっきのお兄さんたち、そっちじゃないぞーって叫んでたんじゃないよね？

それにしてもお兄さん、どうしてここで客引きをしてくれないのだろう？

今だったら、どんなに人相が悪くても喜んでお金を払うのに。

追いかけてきてないだろうか？　バックミラーを覗いたけれど誰もいなかった。

そんなに怖かったら、さっさとガイドのいるところまで引き返せばいいだけの話なんだけど、いまさら面倒くさくて戻る気になれないあたり、肝っ玉が据わった無精者だ。死の恐怖より、面倒くさいほうが格上なのである。

自分の性分に観念して、そーっとアクセルを踏んだ。

そろーりそろーりと。抜き足、差し足、忍び足のローギアで。小さな石を踏んでは、車がぐらんぐらんと右に左に揺れる。

そのたびに、品のない話で恐縮だが、肝っ玉じゃないほうの玉が縮こまった。

右側の賽の河原に石が並んでいた。床の間に置かれた壺のような上品さで。

「結界……、かなぁ？」

安全なのは石のあっち側？　こっち？　どっち？（西サハラとモーリタニアの緩衝地帯）

あわてものなら通り過ぎてしまいそうな、控えめな積み方だ。

「ってことは、あの先に地雷があるってことでぇ……」

「ってか、あれ！」

Ｙｕｋｏが指さす方向に、車の残骸が転がっていた。

無残にも焼け焦げた黒い鉄の塊として。

「あ、あっちにも」

あいや〜、衝撃的な光景に胸が締めつけられる。さらに玉が縮こまる。

「爆発……、したのかなぁ」

どう見ても、爆発ですやん。

「結界……、ないのにねぇ」

問題は、それっ！

結界の内側で爆発されたんじゃ、ボクらの立つ瀬がない。

だだっぴろい岩盤の大地に、見えるようで見えない道なき道が三途の川に見えてきた。

どう進んでいいものかわからなくなって、車を止めた。

風はないし、音もしない。

Ｙｕｋｏが窓を開けて、くんくんっと匂いを嗅ぐ。

車の瓦礫が、昨日今日の新鮮な爆発かどうかを見極めようとしているの？

鼻が利かないのが唯一の自慢なのに。

国境はあっち方面だよね？

と指をさしたとき、おや、なんか動いているぞ。

二〇メートルくらい前方で、乗用車のお尻がひょいっと岩の陰に隠れた。

車、走ってるじゃん。

ちょっと待ってえええ、置いてかないでえええーっ！

死にたくないと思えばこそ、そんなことをしてると死ぬぞ——、ぐらいの無茶ができるもので、岩盤の上をがっつんがっつん走って、車の後ろにピタっと張り付いたのだった。

いやいやいや、くっつきすぎだ。ちょっと下がろう。

こういうときは、三尺去って師の影を踏まず、じゃないけれど、車数台ぶんくらいの遠慮をして、距離をあけるべきだ。

これで地雷があっても、前の車が踏んでくれるから安心である。

ああ、やれやれ、やっと人心地がついた。

まだまだ油断はできないが、玉はすっかり緩んでた。

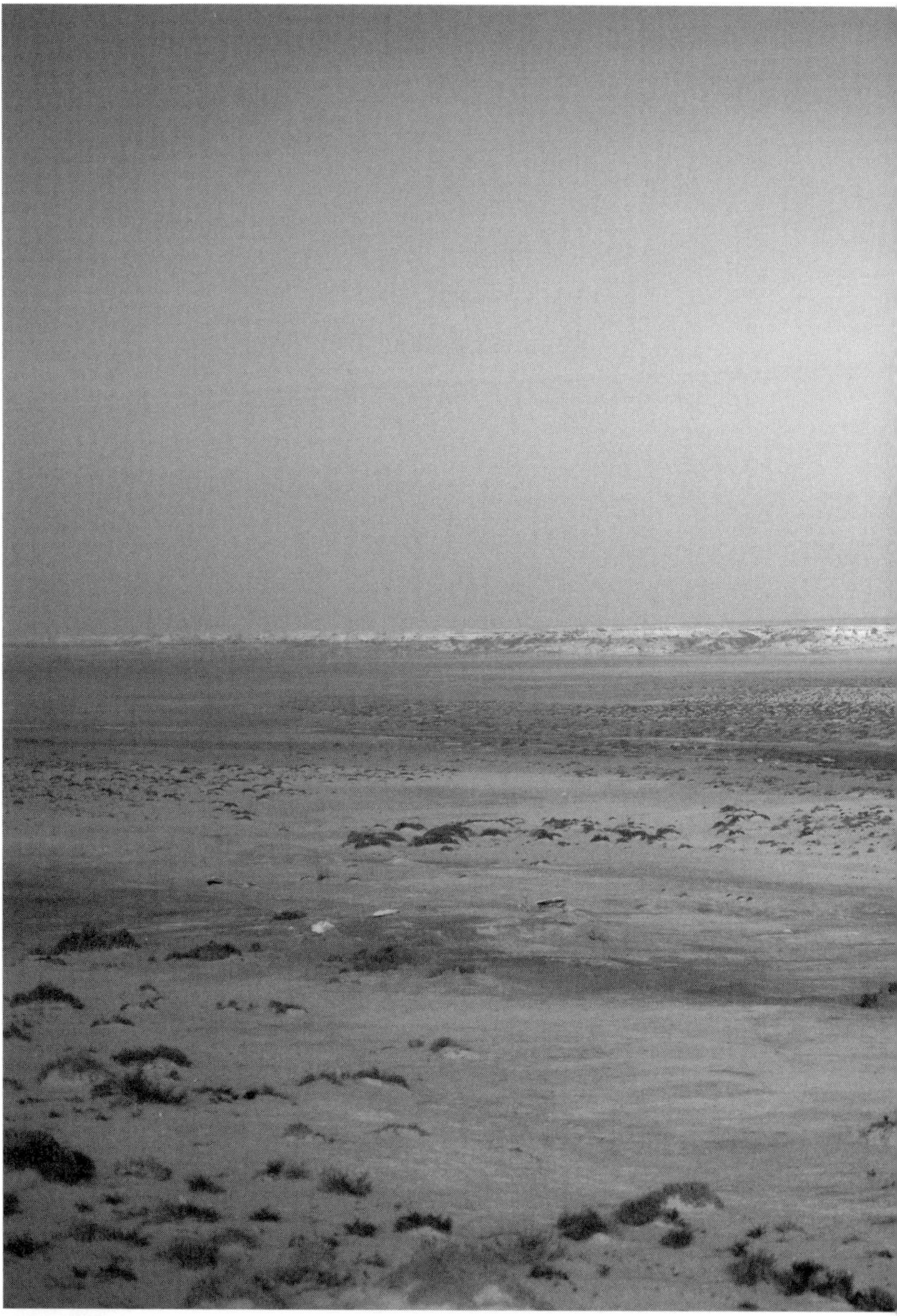

どこかで道を間違えて、火星に来ちゃったかも（西サハラ）
←〈ショート動画〉とても道には見えない

最悪の国境——モーリタニア／セネガル

凶悪犯は巨大な怪魚を握る

「モーリタニアからセネガルに入る国境なんだけどね」

「賄賂がひどいって。ヨーロッパ人でも逆らえなくて、お金を払ってるって」

そんなところは行きたくないなあ、どこかほかにないの？

「でね、地図を見てたら、西のほうにも国境があるみたいで」

いいじゃん、そこで。

「でも、あまりに田舎すぎて、本当に国境事務所があるかはっきりしないんだよね」

うーむ、悩ましいねえ。行って国境がなかったらショックが大きいし。でも最悪だとわかっているところにのこのこ出かけてゆくほど勇気はないし……。ボクの交渉力だと欧米人の倍は払いそうだしねえ。ボクにしてもね、絶対に賄賂は払いたくないというわけでもなくて、ちゃんと「本日の賄賂」とかボードでもあれば喜んで払うんだけど……。でも、もし田舎に国境があれば都会より優しい気がするよね、だよね？　どうしようかなあ。とにかく今わかっている最悪は避けて、田舎の人はがめつくない説に賭けてみようか。

ということをしのごの言って、田舎へ向かった。

土漠だった。こちら方面には誰も住んでいないのか、家一軒なく、月面のようだ。もうもうと土煙を上げて、ただひたすらまっすぐに突き進んだ。道路標識すらない荒野。あまりにも人の気配がなさすぎて、とんでもない禁断の地に足を踏み入れたんじゃないかと不安になってあたりを見渡したら、「ワニ注意!」の看板が。

「ワニがいるってことは、人がいるんだねえ」

よくわからないYukoの感想を聞いた先に、ゲートが見えたのだった。

国境事務所があった。ヨカッタヨカッタと喜んでいたら、敷地内に入るだけでお金を取られた。駐車料金まで請求された。近寄って来た青年たちは、案内するから金を払えと手を出す。どいつもこいつも銭ゲバだった。こんなアコギな国境は初めてだ。

ボクらの考えは甘かったのだ。田舎の人だってお金がほしいのだ。しつこくまとわりつく案内人を怒らせない程度に笑顔で無視して、イミグレの建物に入った。

六畳ほどの小綺麗な部屋にカウンター。その奥に立つ深緑色の制服を着た係官にパスポートを渡す。彼は、それを珍しそうに眺めた。

やがて白いページを開いて机の上に押さえつけ、おもむろにスタンプを肩より高い位置までかかげる。ひと呼吸入れて、こちらをチラっと見た。

稚内からセネガルまで 55,653km
セネガルの楽園度★☆☆☆☆
ご飯美味しい度★★★★☆
サファリ度☆☆☆☆☆

では押しますよ！　とばかりにスタンプを振り下ろした……と思ったら、パスポートの一〇センチ手前でストップしたのだ。寸止め！

磨きすぎじゃね？　ってくらいの白い歯をむき出して、

「押してほしかったら、一〇ユーロ♪」

なんなんですか、その小学生みたいな小芝居は！

出国スタンプでお金を払うなんて聞いたことがないです。勘弁してください！

「よそはどうだか知らんけど、うちの出国スタンプは一〇ユーロ」

払いたくないなら払わんでもいいけどねって、にやにや笑っている。

「領収書をください」Ｙｕｋｏが賄賂封じのフレーズを繰り出したが、

「もちろん」ほらっとばかりに、印刷物の綴りを指差した。

「ここに一〇ユーロって書いてある」

領収書があるとは、恐ろしくサービスの良い賄賂なのだ。

なるほど、動かぬ証拠を印刷した完全犯罪ならばヨーロッパ人でも払うわけだ。

でも、出国スタンプに一〇ユーロなんて、そんな大金は絶対に払いたくない。

「お金を払わないなら、出てってよ」

犬のように、シッシッと部屋から追い出されてしまった。

どうしよう?

アフリカで一番評判の悪い国境を避けて田舎に来てみたけれど、同じだったみたい。

イミグレの入り口に座り込み、家族会議を始めた。

「もしかしたら賄賂じゃなくて、正規料金なのかなあ。領収書があるし」

いやあ、あんだけヨーロッパ人が賄賂がひどいってネットで怒っていたし、第一、有料の出国スタンプって聞いたことがないし。

「じゃあ、閉店まで粘るってのは?」六時間も?「そしたら、よく頑張ったって褒めてくれて、許してくれるとか」どこからそんな甘い考えが湧き出てくるのか知りませんが、暗くなってから国境の外に出されるくらいなら、一〇ユーロ払ったほうが安全だよね。

「だねー、せめて値切ろうよ」

半額でも払いたくないなあ。

名案が浮かばずに日向ぼっこをしていたら、先ほどの係官が部屋から出てきた。

「こっちへ来い!」と、手招きをする。

は、はあ、なんでございましょう?

彼の後ろについて恐る恐る奥の部屋に入ったら、五、六人の男性がゴザを囲んで床に座っていた。ごめんなさい、もうしません! って感じでうなだれている。

なんなの、この人たち。捕まったの？　犯罪者？

え、ここに加わるの、ボクらが？　犯人のなかに？　どうして？

ぜんぜん意味不明なんだけど、とても逆らえた雰囲気じゃないわけで。

おじさんたちの輪に加わって見渡せば、どちら様もカメムシを奥歯で噛んでしまったような渋い表情。目があうと薄ら笑い。この感じは、よくて留置場、悪くて強制労働だろうか？　痛いことをされないだろうか？　いまから一〇ユーロを払うと言えば許してくれるだろうか？　って考えていたら、エプロンをしたおばさんが入って来た。

ちょっとごめんなさいねーって、ゴザの真ん中に直径五〇センチくらいの大皿を置いた。チキンライスみたいな赤いご飯が山盛りだ。かぼちゃと正体不明の野菜類に囲まれて、鯉みたいなデカい魚がでででーんっと寝そべっていた。大きな口をカパっと開いて。

「そこに座れ！」

Ｙｏｕ、どうしてここに？

洗面器とヤカンが回ってきて、みなさんいそいそと手を洗い始める。見ると、顔がすっかりにこやかになっていた。手を洗い終わると、全員がそろって件の係官を見上げた。

彼が大きく頷く。

待ってましたとばかりに、四方八方からしゅしゅっしゅっと黒い手が伸びて、ご飯の山に突っ込まれたのだった。

片手でワシっとご飯をつまみ、ニギニギしている。親指と中指と人差し指でかぼちゃをつまみ、魚の身をほぐし、シャリと一緒に口に運んで、ぱくり。

手巻き寿司。と思ったけど、巻いてないから、握り寿司！

係官を含めた全員がボクらを振り向き、旅の者、さあ食え、遠慮するな！　って。

シャリはこうやってニギニギするんだ。で、ネタの魚は人差し指でほじくって、ほら、こんな風に上に乗せれば、簡単だろ？　向かいのおじさんはちょっとした凶悪犯にしか見えないけど案外世話焼きで、御大自らがニギニギしたご飯と魚を手渡してくれた。

おじさんっ！

ボクは、Ｙｕｋｏが握ったおにぎり以外は食べられないほど繊細さんなんです！

とは言えないわけで、手刀を切ってから、ごっつぁんです。

見知らぬアフリカ人の黒い手で握った真っ赤なお寿司。ネタは正体不明の怪魚と名もしれぬ野菜、っていうか、葉っぱ。妙に脂っぽくて、ベタベタした感触。

できるだけ口のなかの味蕾に触れないように、ほとんど噛まずに飲み込んだ。

で、ウイー（はい）ウイウイ、とてもセボン（うまい）でセボンです。ホントにメルシー（ありがとう）なくらいメルシー。知っているフランス語を総動員して、反復した数に感謝の気持ちと、もう結構です、ごちそうさまでした感を込めてお礼をした。

だろ、イケるんだよねコレって。次から次へと赤い握りを渡されまして、魚のね、皮のキワがとくに味わいがあるんだよって、変な色をした部分まで、ご親切にたっぷりと。そこだけは食べたくないとは言えないわけで。

やがて、おじさんたちがお腹いっぱいだわー、もう食えないわーって、あーやれやれって腹をさすりだしても、まだお皿には五分の一くらい残っていた。

一同の期待に満ちた視線が、旅の者、まだまだイケるだろ！　って。

えっ、ボク？

Ｙｕｋｏは限界を超えたようで、完全に惚けて天井を見ている。
ウ、ウイー、まだまだセボンですよボクは、メルシーメルシーと言いながら、ひとりで全部食べたのである。頑張りました。っていうか、食べれば食べるほどに美味しくなったし、そもそも食い意地が張っているものですから。
で、ここで謝ってもしょうがないけれど、おじさんたちのように上手に握れないから、食べるときについつい指をしゃぶってました。ツバのついた手をシャリの山に突っ込んでました。そこは初心者ということで許してください。

アフリカ版握り寿司「謎の怪魚一本釣り」は、意外にクセになる味でした。

すっかり調子に乗って誰よりも食べてしまったけれど、これって無料なんだろうか？

そういえば、スタンプだけで一〇ユーロも請求するアコギな国境だ。

しまった、食べなきゃよかった、絶対にぼったくりだよ、寿司とスタンプでひとり二〇ユーロは盗られそうだと後悔していたら、イミグレに呼ばれた。

「パスポートを出せ！」

係官に渡すと、ぺらぺらっとページをめくって、何も言わずに、ポンポン！　とスタンプを押してくれたのだった。

一ユーロも請求しないで。ニヤっと白い歯をむき出して。

握り寿司も無料だった。

まったく予想もしていなかった展開に、腹も胸もいっぱいである。

この一食一判のご恩は決して忘れませんと、一〇回くらいメルシーを連発し、油断するとへそから怪魚があふれそうなお腹を抱えて、セネガルのイミグレへ向かった。

小さな窓口に、パスポートを差し出した。

スタンプを手にした係官が、

「一〇ユーロ！」

もう、食えないでやんす～。

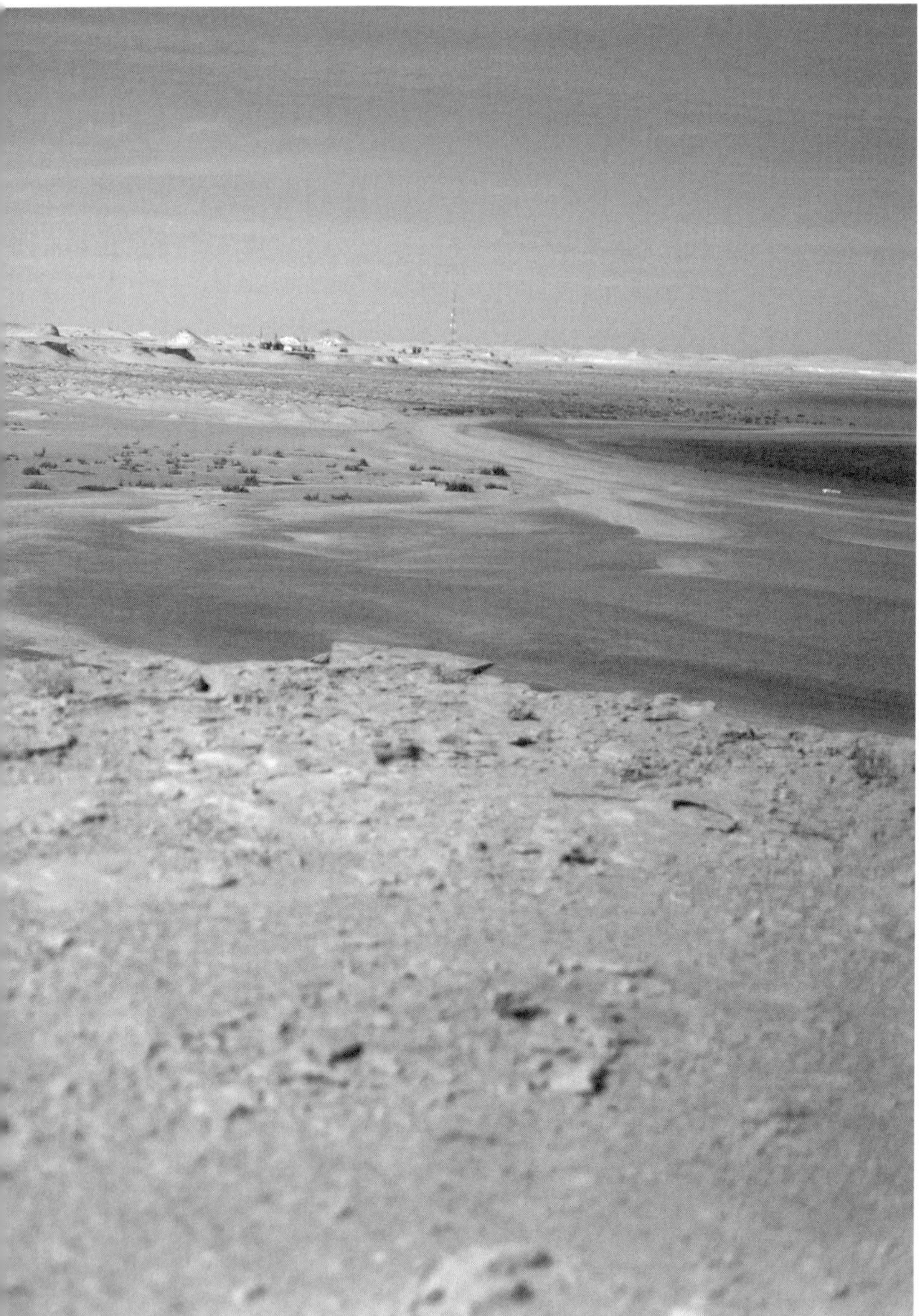

今晩もまた、人類が滅亡したかのような誰もいない車中泊（モーリタニア）
←〈ショート動画〉オアシスなのに走れない

オーバーランダー ―― 西アフリカ

へそから胃液がダダ漏れする日々

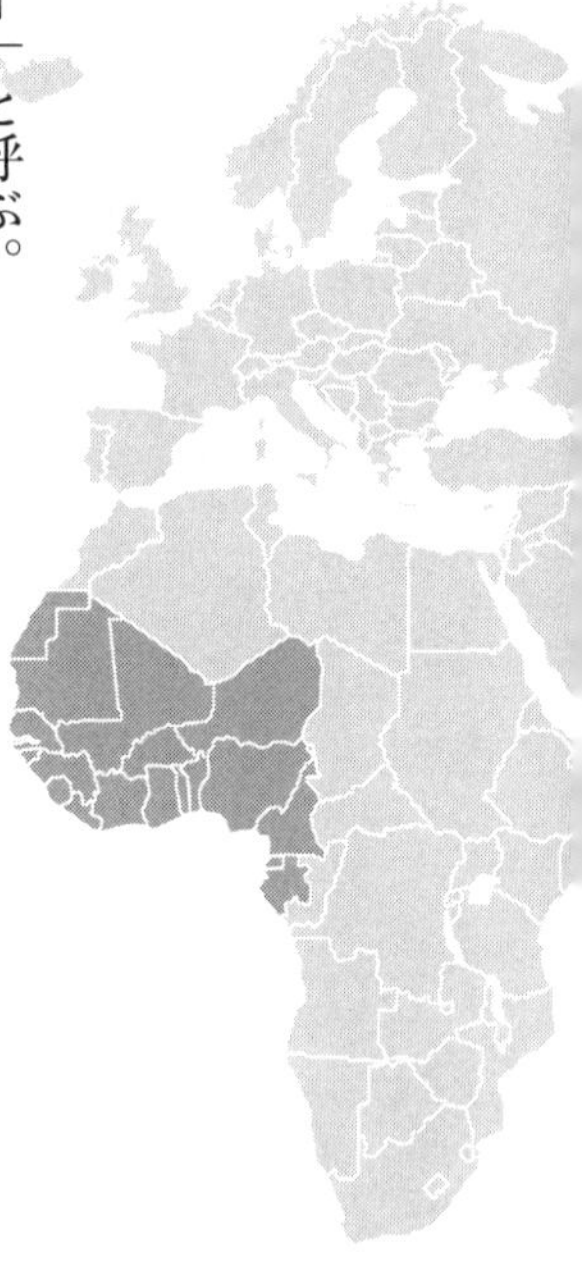

車やバイクで旅する人を「オーバーランダー」と呼ぶ。

オーバーランダーがアフリカをまわるとき、以前はヨーロッパからエジプトに入り、東側を南下した。寄り道をしなければ、エジプトから南アフリカまで八か国。

ところがエジプトでテロが発生したために、危険なヨーロッパ・エジプト間のフェリーがなくなってしまった。それがためにボクらは、より物騒な西側を下っているのである。

スペインからモロッコに渡り、西サハラを下って南アフリカまで無駄なく走っても、十五か国。訪問国はほぼ倍になる。

旅行をしているのだから、訪れる国が増えればそれだけ楽しみも増えるかというと、まったく逆なのが西アフリカ。楽しみは減って苦労が増え、ヘソから胃液がダダ漏れするんじゃないかってくらい、ストレスな日々となる。

旅というより、苦行なのだ。

西アフリカは、とかく銭ゲバ系が多い。

特に公務員や第三セクター関係が幅を利かせていて、検問の警察官、軍の兵士、国境の税関、道路なんちゃら協会、消火器売りや詐欺師までもが参加して、道路に立ちふさがるか、藪に潜んでいる。

彼らは、肩を怒《いか》らせて「違反だ、罰金だ」と怒鳴ってお金をせびるのが基本で、「今ここで払えば安くしてあげよう」というタイムサービスがあり、「部長の罰金は高いから、ボクが半額に交渉してあげるね」と言ってくれる優しい巡査もいるが、手数料がかかる。「金を払わないなら裁判だ」と脅されたり、パスポートを人質に取られて森のなかに連れ込まれ、掘っ建て小屋に立たされる。

ずいぶん操の心配をしたものだけど、お尻ひとつ触られたことがない。

また、西アフリカは訪問する国の数だけビザ取りに追われる。

これがまた、ストレスのタネである。

事前に調査が必要なのだ。どこの国の大使館で取れるか、どこの大使館が安いか、何日でくれるか、訪問日が本国の祭日ではないか（↑重要）、必要な書類を印刷したり、こっぴどい扱いをうけることもあるので、ネットでのレビューも確認しなくてはならない。

いつ、どこで、どの国のビザが取れるかわからないからスケジュールは確定せず、それなのに出入国日、ルート、泊まる宿等々、決まっていないことを書かされるのも地味に辛い。記入は大文字のみとか、半ズボンやサンダルはダメとか、どうでもいいような縛りもあったりする。しかも多くはフランス語。まったく読めない。

ビザ代は高いし（アンゴラはひとり一五〇ドルもした）、申請を受け付けてくれないこともある。ガーナの四回連続拒否事件は、わが家に金字塔を打ち立てた。

そんなに断られたら諦めて戻ればいいじゃんって思うだろうけれど、戻るにしてもビザがいるから、一度足を踏み入れたら突き進むしかないのである。

ね、たいへんそうでしょう？

西アフリカはネットカフェが少ないから、スマホのＳＩＭカードは、超、必需品だ。

しかしこれもまた悩みのタネで、ＳＩＭを挿しても五〇パーセント以上の確率でネットにつながらない。その辺の人を捕まえては、なんとかしてください〜と泣きついても、彼らは英語を話さないから陳情が通じないというのもまた、ストレスの上塗りだ。

ネットにつながってもやたらと遅い。一時間の動画を観るのにたっぷりと三時間もかかり、だからと言って三倍楽しいことはない。メール一通で三〇分も待ち、ビザに必要な書類を一枚印刷するだけで、丸一日かかったこともある。

それでもまだ、電気がきていれば幸せだ。

西アフリカの名物は、停電なのだ。

暑いというより〝熱い〟西アフリカで、電気がないのは感電するより辛い。

車中泊なんて呑気なことをしているとスルメになるので、エアコンを求めて宿に泊まる。夜、さあ寝ようかってときに停電するのだ。

ズルくないですか？

エアコンのある部屋って、高いのに。

ファンもエアコンも動かなくて、寝返り百連発の寝苦しさに思わず窓を開けてしまいそうになるけれど、ちょっと待って！

マラリアもまた、名物だ。

ベッドに蚊帳が吊るしてあるけれど、いつの間にか顔の上を蛾が飛び回っているガード力。こんなにあちこち穴が空いていては、猫は防げても蚊は無理じゃろうて。

シャワーでも浴びれば少しは涼しくなるだろうと思うのは素人で、停電だとポンプが働かなくて水も出ない。朝、歯も磨けない。冷蔵庫のスイカは腐ってゆく。

元プロボクサーの旅人は、「タイルが冷たいっすよ」と言って、ベッドに寝ないで床をごろごろ転がっていた。生まれ変わったら、ボクサーになりたいと思った。

眠れないぶん、美味しいものをたくさん食べて体力をつけたいけれど、日中は頭の上に漬物石を載せたように暑いから、食欲が出ない。

奮発して外食しようにも、気の利いたレストランはない。

食料品店には、食欲が失せるものしか置いていていない。玉ねぎやトマトは卵のように小さくて、半分腐って変な汁が流れていても売り物だ。

バナナとオクラとコカコーラで、命をつないでいた。

よく、どうしてアフリカは発展しないのだろうと考えている人がいるが、朝八時から夕方五時まで、サウナのなかで考えたらわかるから。試してみて。

あの環境で仕事ができる人は、偉大なのである。

大げさじゃなくて……、ボクのことだけど。

ちなみに、「アフリカ＝大自然」のイメージで、「ジャングル→緑がいっぱい→マイナスイオン→健康に良い」という図式は、西アフリカでは通用しない。

世界中から、寿命が尽きたオンボロ車が集まってきてゾンビのごとく蘇り、威勢のいい排気ガスを吹き出す。イカが墨を吐くみたいに黒々とした排気ガスを撒き散らし、トラックそのものが消えるのを幾度となく目撃した（↑本当の話です）。

ゆえに、すこぶる喉が痛いし、頭痛もする。

たまにはキリンやゾウのような野生動物に会えれば癒されるのだけど、見かけるのは、ヤギ、牛、馬。家畜だけ。しかもネグレクトされてるの？　ってくらい痩せて痛々しい。

それでも平和ならドライブも楽しかろうが、イスラム過激派や反政府ゲリラが主に外国人を誘拐して殺すというし、独立紛争等の地雷や砲弾の穴もある。実際、マリの首都バマコは破壊された車が放置されていて、血なまぐさい。

外国人が泊まる宿は狙われやすいので、入口は二重扉になっている。ひとつ目の扉を開けると半畳ほどの小部屋。小さな窓に顔を晒して、名乗らないと中に入れない。中では、ほとんどの宿泊客は拳銃を腰に携え、ライフルを椅子に立てかけてビールを飲んでいる。戦闘時さながらの緊迫感は、平和ボケしたボクらに伝わってこなかった。

ボクらにとっての最大の難問は、雨季だったのである。

ナイジェリアからコンゴのあたりは舗装道路が少ないので、雨に降られる前に西アフリカを抜けないと、泥に埋まるか、洪水に流されてしまうのだ。

「あんたたちの小さな車じゃ、絶対に無理。死ぬぞ！」

先行する西洋人のオーバーランダーが、メールで太鼓判を押してくれた。

ご忠告、ありがとうございます。

おっしゃる通りでした。

This is 660cc

すみませーん、この辺にキャンプ場があると聞いたんですが……（西サハラ）

野宿——モーリタニア

ラクダの乳で踊れますか？

Ｙｕｋｏ、今夜は野宿かもね。

「だね。宿のある町まで遠くて、夜になっても着きそうにないし」で、さっきから野宿ポイントを探しているのだけど、砂漠の一本道だから見つからなくて。モーリタニアといえば外国人観光客が殺されたテロ事件が有名だから、人里離れたところで寝るのは怖い。どこかに人でも住んでいないかと、思い切って脇道に入ってみた。

この先に、心優しい人たちの村がありますように、間違っても貧困街とか、テロ組織の巣窟ではありませんようにと祈りながら進むと、砂丘の手前に建物が見えた。

二〇戸ほどの家がてんでんばらばらに建っていて、集落の半分以上が砂に飲み込まれている。まだ夕方前だというのに人の姿はない。ラクダが暇そうにしているだけだった。

危なそうには見えないから、今晩はここにお世話になろう。

さて、どこに車を駐めようか。

ボクらの野宿の方針は、誰かの家のお客さんっぽく車を駐めること——、である。

演出を大切にしている。

村はずれに小さなモスクがあったので、ピタッと寄り添って駐車してみた。これなら参拝客に見えるから、強盗にしても襲いにくいだろうという作戦だ。

そこに折良く、三〇代半ばの男性が通りかかった。

「ここに駐車して、ひと晩泊まっていいですかね？」と声をかけた。

声がけも大切である。

もしかしたら村の名士とか、酋長の類いかもしれない。何かコトが起こったときに助けてもらえるように、顔つなぎだ。今できる精一杯の打算なのである。

「好きなだけ、泊まっていったらいいさ」

都会の魚屋で働くというマフードは、無駄にイケメンだった。

「せっかくだから、うちで茶でも飲んでけよ」

お呼ばれしてしまった。

ご招待はとても嬉しいんだけどマフードさん、知らない人の家にのこのこついていくのは防犯上少々問題がありまして――、とは言えなくて、のこのこついていった。

彼の家はモスクから徒歩三〇秒。テーブルも椅子もキッチンもない家。てか、何もない。空き家にしか見えないからむちゃくちゃ怪しいけれど、今さら逃げられなくて黙って

稚内からモーリタニアまで 53,499km
モーリタニアの楽園度★★★☆☆
前人未踏感★★★★☆
暑い度★★★★☆

床に座る。

「この村にもね、三〇年前は、たくさん木が生えていたんだよ」マフードが言う。

「ところがヤギを飼ったのがいてね、それが簡単に儲かるってんで、みんなが真似をしてしまって、あっという間に葉も芽も根も食われてしまい、砂漠になってしまったんだ」

「今じゃあ、二、三日ごとに砂かきをしないと、家のドアが開かなくなってしまう」

へー、そうなんですか、と村の歴史を聞きながら、お茶をご馳走になった。

ごちそうさまでした、けっこうなお手前でございました。

お礼をして、そそくさと家を出ようとしたら、そうは問屋が卸さないと押し寄せて来たのは村人たちだ。珍しい顔をした猿がいるぞと、次から次へと覗きに来る。しまいには、今夜は一杯いきますか！　ってんで、ボクらの前に炊飯器くらいの壺を置かれた。

ラクダの乳だった。

搾りたてだって。

みんなで回し飲みだって。

ボクはＹｕｋｏと同じコップを使うのも好きくない潔癖症なんです、とは言えなくて、誰も口をつけていないところを見計らって飲むと、さほど牛乳と変わらぬ味。悪くはない。けどもう結構、ごちそうさま。そう言わずもっと飲めよ、そうですか、と杯を重ねて

いたら、

「客人、一丁、踊ってくれ！」と、リクエストが入ってしまった。

ごめんなさい、ボクはそうとうお酒に酔っても踊らない漢《おとこ》なんです、とは言えなくて、踊った。やればできる。

おつまみにピーナッツが出たけれど、皿に入れないで床に撒く流儀だった。それを拾って食べるのは衛生的にどうなのよ、とは言えなくて、誰よりもたくさん食べた。

通じているんだか通じていないんだかよくわからないおしゃべりをして、手土産に民族衣装までいただいた。ご丁寧に、男女別に一着ずつ。

ありがとう、思いがけずに楽しい乳飲み会でした。

そろそろ夜も更けたので、車に戻りますね、とお礼をして去ろうとしたら、

「まあまあ、泊まってってったらいいさ」

そうは言ってもマフード、寝てるうちにドアに鍵をかけられたら怖いし、と思ったけど、よく見たら寝室には鍵どころかドアもなかった。それはそれで怖いけれど、貞操のひとつやふたつ捨てる覚悟で寝たわけである。

一宿一乳、窓に満月。

というのは嘘で、部屋に窓はなかった。

お母さんのお乳、美味しかったですよ（モーリタニア）

人質救出―セネガル

白バイを尾行して、撒かれた。

モロッコは、アフリカ・ドライブの入門編にいい。

セネガルは少々難易度が高くなり、実践編として勉強になる。

アフリカ色がぐっと濃くなったぶん、なにかと一筋縄でいかないのだ。

でもここをクリアできないようでは、さらなる西アフリカに突っ込んでいけない。

無駄に疲れるけど、頑張れ、ボクら！

セネガルの国境は、どういうわけか車の書類を発行してくれない。

四八時間以内に首都ダカールの役所でもらえ、と言うのだ。たいへん面倒臭い。

で、その役所はどこにあるの？　って訊いても、「知らないなー」と無責任な返事しか返ってこない。そういうところが、〝アフリカあるある〟である。

しかたないから、名前を頼りに地図アプリで役所を探しだすと、たいてい、

「あー、外国の車ね。ここじゃないわ」と追い払われる。

じゃ、どこなの？　と訊いても、

「知らないなー」

デジャブになる。で、ビルの入り口をうろうろして、誰かご存知ありませんか？　と声をかけることになるのだが、やっと別の住所を手に入れて訪ねても、

「あー、外国の車ね。ここじゃないわ」

これまたデジャブだ。まったく想定内だから驚かないけれど、少し泣く。負けるな、ボクら。

新たな事情通を見つけ出して、またまた別のオフィスを訪ねても、

「土曜日だから、休みです」ときたもんだ。

かようにして、一筋縄ではいかないのである。なにひとつ目的を達成していないのに一日が潰れていくのもまた、〝アフリカあるある〟だ。

得てして、不運はさらなる不幸を招くものだから、帰り道、警察に捕まった。

「車の書類を出しなさい！　えっ、なに、持ってない？」

「じゃ、罰金だ！」

おまわりさん、あのですね、たった今、税関に行ってきたのですが、休みだったんですよ。と言っても聞いてはくれなくて、罰金だ、罰金だと繰り返すだけ。

でも、違反だ違反だと口うるさく言うわりに書類を書こうとしないときは、一〇〇パーセント賄賂だ。つべこべ言わずに、さっさと心づけを払え！　ということなのだ。

それは重々わかる。わかるけど払いたくない。いつまでもぐずぐずしていると、

「君らは裁判所行きだ。今から署で取り調べだ！」と脅してきた。

警察署に行くなんて、時間がもったいないだろう？　いま払えばすぐに無罪放免にしてやるから――、という見え見えの営業トークは、残念ながら、暇にかけては自信のあるわが家には通用しない。しないぞ。少なくとも、おまわりさんより、時間を持て余しているのである。

「よござんす、警察署でも裁判所でも行きましょう」

と答えると、「こいつ、できる！」と引き下がってくれるシナリオだったのに、

「じゃ、ついて来い！」

白バイ隊員に言い返されてしまった。

大いに計算が狂ったけれど、いまさら撤回するのもかっこ悪いから、白バイのあとを追いかけた。そしたら、撒かれてしまったのだった。

渋滞しているというのに、白バイが車の間をすいすいーっとすり抜けていくものだから、ついていけなくて。

容疑者を撒いてどうするの？

これは困った。日本の書類を人質に取られているから、このまま逃げるわけにもいかない。しばらく待ったけど戻ってこない。ったく、犯人を置いて、どこ行ったんだよ。

しかたがない、我々が捜査に出るしかないではないか。言葉すら通じない知らない町のなかを（アフリカのセネガルだ）、土地勘もないのに（今日、着いたばっかりだ）歩いて白バイを探すのだから、想像を絶するたいへんな仕事だ。だよね？　大丈夫？

「えっ、わたしが行くの？」

だって、ボクは車から離れられないじゃない。ここで張り込みをするよ。

〝えっ、普通逆じゃない？　って声が聞こえなくもないけれど、ボクは極めて激しい方向音痴だし、人見知りするので、捜査には向いていないのである。

ということで、車の中から通りを見張ること二時間。一向に白バイの姿はなかったが、Ｙｕｋｏも戻って来なかった。なんか、問題が増えてしまったんじゃないかと後悔し始めたころ、Ｙｕｋｏが戻ってきた。

一銭も払わずに書類を取り戻した！　と鼻の穴をおっ広げて。心持ちガニ股で。

ね、適材適所だったでしょう。

Ｙｕｋｏは、いい刑事になれそうです。

この道を行けば、いつか南アフリカ（セネガル）

開拓移住 — マリ

ジャングルで酋長になる方法

セネガルから先は、ふたつのルートがある。

南へ下ればギニア、東へ向かえばマリ。マリにはトンブクトゥの世界遺産とか、泥のモスクとか面白そうなモノがたくさんあるので、マリを選んだ。

選んではみたけれど、面白そうなものに近づくほどにテロが多くなり、危ないらしい。テロリストは主に欧米人を誘拐するというから、ボクらの顔は安全パイである。けど、軽自動車は目立つから、誰よりも狙われそうでもある。

残念だけど、安全第一ということで世界遺産はパスすることにした。

セネガルとの国境から一直線に東へ向かい、一切寄り道をしないで首都バマコへ向かう。バマコでいくつかビザを取って、最短ルートでコートジボワールへ抜けるのだ。

ところが入国してすぐに、「一〇〇キロくらい寄り道をするとね、ジャングルにオランダ人が移住してててね、キャンプ場をやってるって」とＹｕｋｏ。

そんな人がいるの？

そういえば、すっかり忘れていたけれど、住むところを探しているボクらである。移住と聞いて行かないわけにはいかないではないか。一〇〇キロくらいの寄り道なら、テロリストに会うこともないよね。

幹線道路から外れて、マンゴーの巨木が並んでいる乾いた土の道を北へ向かった。荒野が続いているようで、小さな集落がちょこんちょこんと出てくる。人の気配がしないからといって停まって休憩すると、あっという間に二、三十人に取り囲まれるから、常に見られているようだ。どうか、テロリストに通報されませんように。

オランダ人のキャンプ場は、大きな川のほとりにあった。川幅は五〇メートル以上あり、水量豊富でワニはいないけどカバがいる。オーナーのロバートは、アラフィフの独身男性。その昔、オーバーランダーとしてアフリカをまわり、このあたりが気に入ってジャングルを購入。道を作るところから開拓して、キャンプ場をオープンしたというから移住界のレジェンドである。

ただ不運だったことに、オープンした数か月後にマリでクーデターが勃発。欧米からのゲストが来なくなってしまったのだった。

長いこと閑古鳥が飛んでいるらしい。今日もボクら以外に客はいない。レジェンドは、食うためにキャンプ場の隣を開墾して、バナナファームを作った。

稚内からマリまで 59,037km
マリの楽園度★★★☆☆
家のセルフビル度★★★★★
死ぬほど暑い度★★★★★

食べごろになると近所の連中に盗まれるという計算外があったが、いまではなんとか軌道に乗せ、最近は生け簀を作って、魚の養殖に乗り出していた。

漁師が獲った売り物にならない小さな魚を安く引き取り、大きく育てて売る商売だ。ときどき蛇が生け簀に忍び込むので、それは勝手に捕まえて食べてもかまわないってことで、おっと、ちょうど一メートルくらいの蛇が泳いでいる。子どもたちと捕まえた。丸焼きにすると言っていたので、醤油をかければ鰻の蒲焼きだ、美味そうじゃん、というのは嘘です。どう見てもグロいので、今回は遠慮しておいた。

キャンプ場には果物の木がたくさんあり、カシューナッツ、マンゴー、その他季節の果物が食べ放題である。女子ウケしそうなフルーツ・パーラー・キャンピングでもある。

ロバートの車に乗って最寄りの村について行くと、彼の移住生活が垣間見える。道中、あちらこちらで声をかけられては車に乗せるので、村民のアッシー君だ。市場に顔を出せば引く手あまたの人気ぶりで、壊れた井戸があると聞けばそれを直し、部品が足りなければ自腹で輸入。ミツグくんでもある。

小学校を作ったので、文部大臣でもある。

子どもたちの就職相談にものっていた。

「うちのバナナファームで働け！」

都会に出たものの、夢破れて戻ってきた青年にも語っていた。

「うちのバナナファームで働け！」

ロバートは村の名士でもあり、雇用を生む財界人でもあった。

Ｙｕｋｏ、相談なんだけど、こういう移住もありかもよ。

ジャングルを開拓して畑を作ったり、釣りをしたり、カバと一緒に泳いだり。

村人の世話を焼いて、いずれ酋長を目指すという老後だ。

たとえテロリストが襲ってきても、

「この日本人はいい人なんです（涙）」って、村人が助けてくれるって算段だ。

電気は来ていないけれど、ソーラーパネルでビールは飲みごろに冷えている。

インターネットにもつながる。

あえて欠点を探すとしたら、若干、暑いってことだろうか。

夜中の十二時を過ぎても余裕で三〇度を超えているから、両肩と脳天に漬物石を載せているような倦怠感である。昼は軽く四〇度をぶっちぎるので、体感温度は五〇度。ほとんど動けない。バイアグラでも飲まないと、呼吸するのもひと苦労だ。

ロバートに暑くて死ぬかもって言ったら、夏はこれからだぞ！　って。

ワニはいないって言うから泳いだんだけど、ものすごく不安（マリ）

宗教戦争——マリ／コートジボワール／ブルキナファソ

おっぱいとビールと立ち小便

マリで驚いたのは、おっぱいだ。

女子のおっぱいに〝ありがたみ〟がないのである。

田舎へ行くと、ボクらを見つけた十代後半の女の子たちが、

「変なのがいるー！」と走ってくる。

おっぱいを揺らして。

トップレスなのである。

服を着ていられないほどに暑いかというと、男子はみなTシャツ姿。乳は出していない。貧しさゆえに服を買えないかというと、Ｙｕｋｏでもはきそうなごく普通のスカートやズボン。携帯を持っているし、お金がないわけでもないようだ。おしゃれな娘は首に華やかなスカーフを巻いていて、原宿帰りみたいだった。

おっぱいのぷるんぷるんは、ただ単に、価値観の相違なのだと思う。

マリでは、娘さんのおっぱいは隠す価値がないのだ。

そういえばベナンでは、おばあちゃんがへそまで垂れたおっぱいをワイパーのようにぷらぷらさせていたし、全裸のじいさんは萎れた茄子をぶらんぶらんさせて歩いていたが、熱心に見ていたのはボクだけだった。あれも隠す価値はないのだろう。

ボクはすでにスケベ心を卒業した爽やかなおじさんなので、おっぱいのひとつやふたつやみっつやよっつが目の前で揺れていても少しも心が揺れない。それは自信がある。

それでも芸術のために、

「写真を撮っていい？」

って少女たちに訊いたときは、一瞬にして喉が乾いた。

ただでさえ滑舌の悪い英語が、どもっちゃってたいへんだった。

「なんぼでも、撮っていいよー」

って微笑んでくれたけど、やたらに心が急いたのはなぜなのか。後ろめたいのはなぜなのか。おっぱいとの距離なのか、数なのか、大きさなのかわからない。が、なんにしろこんな素敵なおっぱい学園を——、いや、楽園を日本のオヤジどもに知られてはならない。ボクだけの秘宝館——、いや、マイ秘境を守らねば！　と胸に秘めたのである。

できれば、このままぷるんぷるんを眺めながらプリンのような老後を過ごしたかったけれど、そうもいかないわが家。のんびりしていると雨季に飲み込まれてしまう運命。

稚内からコートジボワールまで 60,422km
コートジボワールの楽園度★☆☆☆☆
ヤギの BBQ 度★★★★☆
ビール冷えてる度★★★☆☆

稚内からブルキナファソまで 60,962km
ブルキナファソの楽園度★☆☆☆☆
ヤギの BBQ 度★★★★★
ビール冷えてる度★★★★☆

〝生〟乳のマリに別れを告げて、コートジボワールに入ったのだった。

こちらの国では、

「珍しい顔したのがおるぞー！」

と、ブラジャーお母さん（推定三〇歳）が走ってきた。

ものすごい勢いで走って来てくれたのは嬉しいけれど、ひと言も言葉は通じない。笑い合うだけという心の触れ合いを楽しんだ。

ボクは思うわけだ、娘さんの〝生〟おっぱいもいいが、やっぱり、お母さんのブラジャー姿のほうが落ちつくなあ、と。多少、使用感があるほうが……、なんてことを熱くＹｕｋｏに語っても、少しも話が盛り上がらなかった。気の合う夫婦だと思っていたけれど、根っこでは趣味があわないのである。

ブラお母さんを写真に撮るときは、緊張せずにサクっとシャッターを押せた。

その日の夕方は、ごっつい顔した坊主頭の女子たちに癒やされた。

野球部かな？　って思わせておいて、スカートを穿いていたのである。たくましいふくらはぎと膝を出して。

食堂のオヤジが言うには、コートジボワールの女子学生は、校則で坊主頭にしなければならないのである。ロン毛を目指すと、すぐに先生がバリカンを持って追いかけてくるくらい厳しいそうだ。では、男子学生の頭はどうだったのか——、というと、興味がないからか、まったく覚えていない。男子がいたことすら記憶にない。

坊主頭の女子学生は、そこはかとなく味があった。

顔はボクより男前だし、っていうか目つきが鋭いし、なにしろ鼻の穴に力がみなぎっているし、頬骨もたくましい。あの娘は腕っ節が強そうだ、ストッキングを穿いてないのがいいいね、とか言いながら一杯やっていたのである。

冷えたビールで。

実はこのあたりから、モロッコから続いたイスラム教の世界に、キリスト教が食い込んでいた。西アフリカは、ビールで宗教の勢力を量ることができる。

空き地にテーブルと椅子を置いただけのバーが出現して、往来で庶民価格のビールを飲めるようになったら、イエスが近くにいる。

長らく続いた禁酒が解禁されて、ジョッキを持つ手が震えるほどに嬉しかった。

肴は、ヤギ肉のバーベキュー。塩を振りかけただけの滋味一択。付け合わせは生のたまねぎ。ヤギ肉はやや硬く、骨の欠片が混ざっているから、あわてずにゆっくりじっくり噛み締めたほうがいい。歯に挟まった肉を舌でほじくりながら、通りを歩く坊主女子をねぶるように見つめ、冷たいビールを飲む。ハレルヤすぎて鼻の下が長くなった。

ときどき女子軍団が、変な顔の外国人に見られているぞって視線を返してくるから、やあ、って感じでキラッと爽やかに微笑むと、

「きゃー、変な顔が笑ったー」と歓声があがった。

黄色い声の後ろで、夕日が沈んでいた。

コートジボワールからブルキナファソに入ると、ビールの市民権は路地裏の奥の細道にまで浸透していた。

普通の家の玄関先に、ビールケースをひっくり返したような粗末なテーブルと椅子があって、そこでグビっと一杯いける。

近所のお母さんと飲んでいるような親近感と、貧乏くさい佇まいがヤギ肉の隠し味になるというか、ならないか。

まあとにかく、旅心が癒やされるのである。

ああ、とうとうこんなところにまで流れてしまったかボクら、って感じの地球規模的な場末感を味わいながら、歯に挟まった肉を舌でほじくるのだった。

ところでこのあたりでは、コースターはコップの下ではなく上に置くのが作法である。嘘ではなくて本当に。さもないと、一〇秒でコップのへリにハエが並ぶ。

二大宗教が拮抗しているコートジボワールは、日曜日ともなると、モスクのアザーンに教会のゴスペルが重なっていた。

厳かでいてうるさい、近所迷惑な宗教戦争である。

ビール党のボクとしては、ぜひとも木魚にお経で助太刀したかったが、それはまったく余計なお世話で、両者、驚くほど仲が良いのである。


忘れられない光景がある。

ある日、道路脇にふたりの青年を見た。

ひとりは立ち、ひとりは座っておしゃべりをしていた。

笑いあいながら、小便をしていたのだった。

とかく宗教対立なるものが喧伝されるが、イスラム教とキリスト教の境目は、飛沫がかかるほど仲が良いのである。

ってていうか、かかってるって！

汚れのない目で、汚れたボクを見ないで（マリ）

コラム　ペルー／ベトナム／メキシコ

風変わりな立ち小便

コートジボワールの世界一美しい連れションを語ると、必ず思い出す光景がある。楽園探しの旅が始まって間もない二〇〇五年六月、Ｙｕｋｏとボクはペルーにいた。バスに乗ってアレキパからチバイに向かっていた。

富士山より高い標高四一〇〇メートル地点を越えて、トイレ休憩があった。一片の雑草もない火星のような荒野にバスは停まり、ぞろぞろと乗客が降りる。ボクは高山病に罹ってしまい頭が痛かった。心臓がバスケットボールのドリブルのように激しく鼓動する。一〇歩と歩けずに、地面にへたり込んでしまった。

そして、見るともなくバスから降りてくる一〇人くらいの男性陣を眺めていると、彼らは車道に沿って一列に並んだ。

どうして、そんなところに並ぶのか？

息も絶え絶えになりながら彼らの背に問いかけていたら、おもむろに立ち小便を始めたのである。アイコンタクトも合図もなかったと思う。それなのに一斉に。

放水曲線が幾重にも並んでいるのが後ろからでも伺えた。

お見事！　と言えばお見事だ。

だけど、普通、立ち小便なるものは車道に背を向けてするものではないだろうか？

ボクは、ぜいぜいする胸を押さえながら考えた。

小便とは隠れてするものではないだろうか？

なぜに、道ゆく車にひっかけるようなことをするのか。

おまじないか、ゲン担ぎか知らないけれど、心臓の鼓動はいよいよ激しくなった。

というのも、左端の人だけしゃがんでいたのである。

後向きだから顔はわからないけれど、頭には真っ黒な山高帽子。腰から下は、ベルサイユ宮殿のマリー・アントワネットから譲り受けたような膨らんだスカート。

ああ、いかん、心臓が破裂しそうだ。

しかし見逃すわけにはいかん。

ふらふらしながら立ち上がり、肩で息をしながら彼女（可愛らしい三つ編みでした）の足元を見たら、スカートの裾からちょろちょろと流れていたのである。

ああ、おばさんまで。

ペルーの連れションョン事件を語ると、必ず思い出す光景がある。

二〇一三年三月、ボクはベトナムからラオスに向かうバスに乗っていた。

この国際バスにはトイレ休憩という制度はなかった。

我慢できなくなったら叫べばいいのだ。トイレーっ！　って。

バスは案外親切で、すぐにその場で停まってくれた。

しかし、その〝すぐに停まる〟というのが少々問題で、あるときはススキが茂った一帯でトイレとなった。

叫んだ人と、便乗する女性たちが一目散にススキのなかに消えた。

そして数分後、バスの運転手がタバコを吸い終わったら、予告なく点呼も取らずに出発するのが常なのだった。

必ず、誰かが叫んだ。

お母さんが乗ってないーって。

乗客全員が後ろを振り返ると、パンツを上げながら走って来る女性がいるのである。

ああ、お母さん。

立ってしたほうが安全かも。

この「立ってしたほうが安全かも」事件を語ると、必ず思い出す光景がある。

もう、いい加減にしてくれないかという読者の声が聞こえそうだけれど、最後なので聞いてください。

現場は、メキシコシティ。

その日、Ｙｕｋｏとボクは、日曜市に来ていた。

雲ひとつない青空が広がっていた。

マーケットは多くの人で賑わっていた。

みな、あっちの八百屋、こっちの果物屋と行ったり来たりしていた。

そのなかに五〇歳くらいの女性がひとりだけ、動いていなかった。

ほかの人たちは忙しなく歩いているのに、彼女だけじっと佇んでいるのだ。電話をしているわけでもなく、何かを眺めているわけでもなく。

ナニカトテモ不自然ダ。

ボクは彼女から数メートルほど離れた八百屋の前にいた。Ｙｕｋｏがトマトを選んでいるのを待ちながら、動かぬおばさんの頭の先から足の先までを観察した。

長いスカートを穿いた彼女の足元だけ、雨が降っていたのである。

ああ、おばさん。

強風に飛ばされてドアがないことがあり、よく用便中の人を目撃した（モンゴル）

毎晩、
オーロラに祈ります。
故障しませんように
（アイスランド）

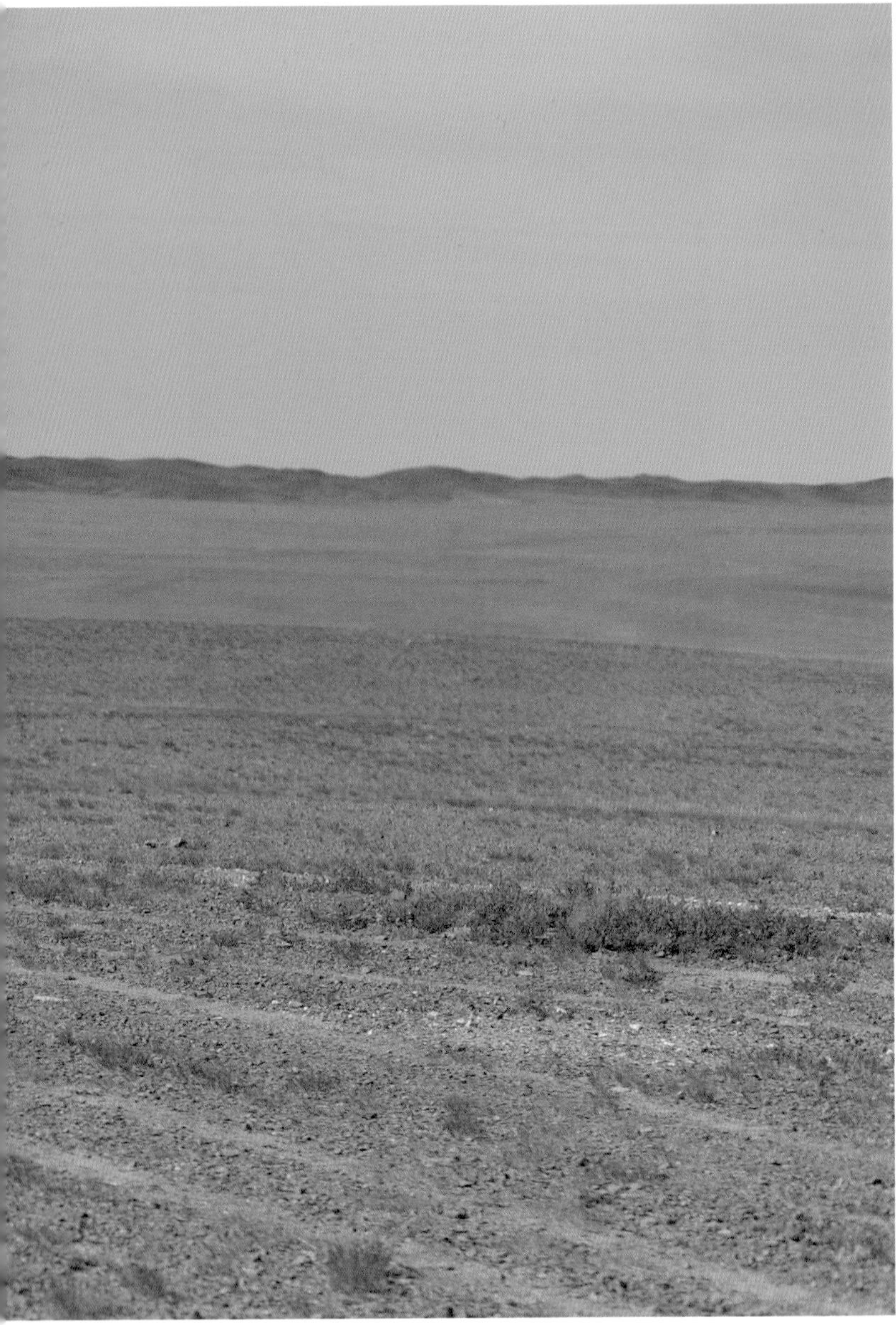

今晩はどこで寝ようかなあ（モンゴル）

とにかく右折は禁止（モロッコ）

もはや、どこに向かっているのか自分でもわからない（ジョージア）

この先は天国ってことはないですか？（アルメニア）

Uターンできなくて（ジョージア）

海外のキャンプ場

青い空、青い海、柔らかい砂。翌朝、砂に埋まって脱出できませんでした（トーゴ）

海を見下ろせる絶景キャンプ場。
田舎ですが、お支払いは仮想通貨でも可能
（南アフリカ）

ワニ、カバ危険！　のキャンプ場。
BBQ 台はたくさんあるけど、柵はない
（エスワティニ王国）

晩飯中。この灯りで、ライオンの晩飯になりませんように……（南アフリカ）

葡萄ファームが経営するキャンプ場。専用キッチン付き。左の BBQ 台は一輪車です。オシャレ（南アフリカ）

この大きさの差！
だから、みんなびっくりして寄ってくるのです（ドイツ）

キャンプ場というより駐車場。外で煮炊きはできませんが、地元の青年が焼き魚やタジンを出前してくれます（モロッコ）

ヴィクトリア湖から見たナイル川の源流。一等地を独占しました。というかほかに誰もいないんだけど（ウガンダ）

広い芝生に木陰、BBQ台。南アフリカのキャンプ場はレベルが高いです

アイルランドには無料の車中泊場「ワイルドキャンプ」があります。ただ、滅多にトイレはないです。レンタルしたキャンピングカー

マラウイ湖。ここの小魚はクセになります。煮干しの味だけど（マラウイ）

ため池の前のキャンプ場。こんなに素敵なところなのに、今夜もボクらだけ（南アフリカ）

海外の車中泊

カフェの駐車場（無料）。晩御飯を食べてお茶を飲んで仕事。閉店間際にトイレに行って、おやすみなさい（ロシア）

雑貨屋の駐車場（無料）。必ず了承を得ます。缶詰を買って一宿一缶のお礼（ロシア）

洗車場（無料）。ある程度の大きさの町になると、車中泊は難しいです（ロシア）

山の中。山賊よりクマが怖い（アゼルバイジャン）

毎晩、氷点下。ボクの寝袋は夏用なので、ラクダの布団が命綱（カザフスタン）

ガソリンスタンド（無料）。必ずしも 24 時間営業ではないので注意（モンゴル）

砂漠に埋もれた村で野宿。教会の横に停めて、参拝客を装います（モーリタニア）

凍てつくように寒い湖の漁港。例によって、誰もいないです
（アルメニア）

すみませーん、ここで車中泊していいですかね？　クマはもう冬眠しましたよね？
こんにちはー、誰かいませんかー？
（ロシア）

いよいよ泊まるところがなかったら、空港の駐車場が穴場です。トイレがあるので（ロシア）

高速道路の駐車場は、トイレがあります
（カザフスタン）

知らないオジサンが魚と焚き火をくれました。感謝です（バイカル湖／ロシア）

オフィスです（トルコ）

穿けなくなったズボンのポケットは
小物入れにします

軽自動車生活

寝室であり、
オフィスであり、
キッチンダイニング。
でも住所不定。

キャンプ場に Wi-Fi がなければ、スマホでテザリングします。コンセントがなければ、電気は車のセカンドバッテリーから（南アフリカ）

写真の真ん中は炊飯器。重宝しています。おかずは道売りのカニ（ロシア）

Yukoの夢は物干し台のある生活（オランダ）

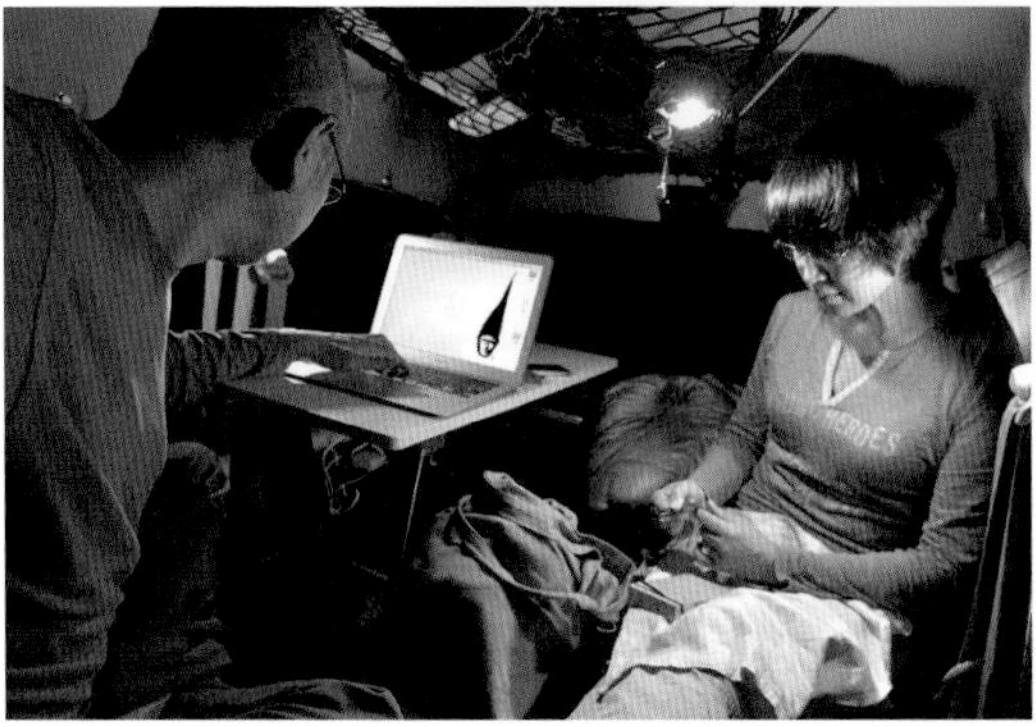

夜の仕事風景（ロシア）
Yuko の仕事は、天然石でアクセサリーを編むこと。作品「Jaboo」のHP はこちら↓

右の白い小屋がトイレ。後ろに穴がはみ出ています（P48）

お好きなトイレを選べます
（P102）

400米ドルを両替しただけで、この札束
（P66）

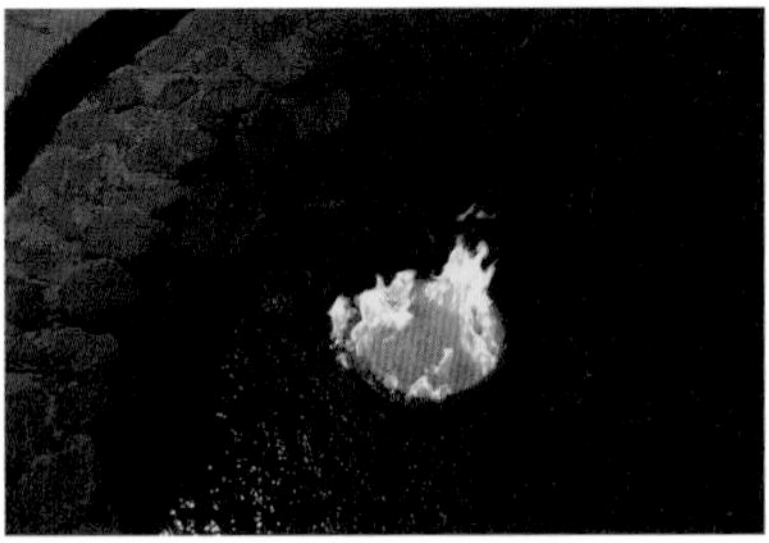

燃える温泉。
燃え広がってびびりました
（P132）

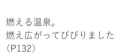

犬じゃないんです（P292）

家賃月 900 米ドルの家の BBQ 台。
鹿にしか見えない牛「クーズー」を焼くと、
ステーキの味（P292）

今日の昼飯は獲れたて新鮮な蛇だって
（P222）

施工担当はマサイ族。王様の眺望です（P406）

廃墟のブロックを壊し、水に溶かして型枠に入れるとブロックとして復活（P368）

人、住んでいます（P118）

家が先か岩が先か（P110）

わが家の家財道具に金目のモノなし！
（P430）

事故ったタクシー（P376）

車上荒らしにガラスを割られたので厚紙
とビニールを貼りました。
冬の車中泊は辛い（P440）

キャンプ場のプライベートビーチに（P430）

セネガルってどっちかね？（モーリタニア）

魔法の言葉｜ガーナ

右ハンドルは罰金、と言われましても

ブルキナファソのあたりから、四、五日おきに滝のような雨が降っていた。

恐れていた雨季に、がっちりと襟足をつかまれた感があった。

これはそうとうヤバい。

二週間でガーナ↓トーゴ↓ベナン↓ナイジェリア↓カメルーンと五か国を通り抜けないとならなくなった。

さもないと、ガボン↓コンゴ↓コンゴ民主共和国という北斗の拳が「あたたた」と叫んでいそうなマッドマックスな国々で、泥や洪水とあいまみえることになる。

ほとんどの道が舗装されていないのだから。

さすれば、おそらくボクらは二度と娑婆に戻れないに違いない。さようなら。

なんてことを言っていたら、先行しているニュージーランド人カップルからメールが届いて、

「あの道はひどい。あれで雨が降ったら、あんたたちの車は埋まるか、沈む！」

稚内からガーナまで 61,572km
ガーナの楽園度☆☆☆☆☆
警察の賄賂度★★★★☆
蟻塚度★★★★★

「死にたくなかったらこっちに来るな！」

と釘を刺されてしまった。

とは言われましても現実問題、戻るにしてもビザがいるのが西アフリカ。

もう、どんな道であろうとも、前進するしかないのである。ほかに選択肢はないのである。

というわけで、ボクらにしたって命懸けで焦っていたのである。

しかし、ガーナが邪魔をしてくれた。

ガーナといえば野口英世とチョコレートだから、日本びいきの脇の甘い国だと思っていたら甘かった。

嫌われているんじゃないかってくらい、ビザをくれなかった。

ならば、こんなときこそ賄賂を払って便宜を図ってもらおう、と思ったけれど、賄賂っていつどのタイミングで、いくらくらい包んだらいいのかわからない。

旅に出る前は新宿の最前線に事務所を構え、一端のビジネスマンのつもりでいたけれども、失礼にならない金額と渡し方、〝賄賂の作法〟を知らなかったのである。

はじめて、ガーナのビザを申請したのはセネガルである。

「ここは、ガーナに住んでいる人にしかビザを発行しません」

断られたけど、このときはまだ、次があるさと余裕があった。

二回目に断られたのはマリ。

ちょっと焦って、翌日、再挑戦した。

もしかしたら優しい担当者に代わっているかもしれないと期待して。が、同じ人。追い返されて三戦三敗。

ここブルキナファソが、最後のチャンスである。

ビザをくれたらなんでも言うことを聞きますから、ぐらいの心意気で門をくぐったというのに、

「ビザはあげられません」

あっさり断られた。四戦四敗。終了〜。

これはマズい、ちょっと落ち着こう。

ドアの外に出て家族会議だ。

いまこそ賄賂だよね、いくらにする？

ネットで検索すれば用途別賄賂の金額一覧表なんてものがでてくるだろうか？　って話をしていたら、守衛がやってきて、

「俺に一万六〇〇〇円払えば、ビザを発行してやるよ」と言った。

守衛が？　なんであんたが？　って思いながら守衛室について行ったら、机の上にはハサミと糊と証明写真。身分証明書の切れ端みたいなものが散らばっていて、パウチッコもある。

本当かもしれない――。っていうか、あんた、偽造してるんじゃないの？

守衛さん、ボクらが考えているのは賄賂であって偽造じゃない。

それに八〇〇〇円のビザ代に、一万六〇〇〇円の偽造代は高い。賄賂のほうが安くすみそうだったからお断りした。敗者復活戦に賭けたのだ。

翌日、もしかしたら優しい担当者に代わっているかもしれないという一縷の望みをかけて、そーっとドアを開けた……ら、あれ、びっくりだ、昨日とまったく同じ顔の人。

「しつこいぞあんたたち。昨日、断っただろう！」と怒られた。

はあ、ごめんなさい。もう来ませんと謝って部屋から出た……のはボクひとりで、Ｙｕｋｏはドアを閉める寸前に振り返った。

おっ、とうとう賄賂を渡すのか――。

ではなかった。やおら得意の〝土俵を割ってからのつっぱり〟をかましたのだ。とはいっても英語だったので何をどうしゃべっていたのかはわからないのだけれど、一〇分後、

「わかった、パスポートを置いてけ！」

ビザを発行してくれることになったのである。

賄賂なしで！

この奇跡の交渉術をＹｕｋｏに解説してもらうと、
一、相手の笑顔を引き出し、
二、その笑みを増幅して突破口にする――、だって。
なるほど、ボクもその手で口説かれたのか。

かようにして、非常に苦しい闘いを勝ち抜いたというのに、ガーナは冷たかった。

人の苦労も知らないで、警察官が検問を通してくれなかった。

「右ハンドル車は禁止です。罰金を払いなさい！」

今さらそんなことを言われても困るのである。左ハンドルが好きなら、日本を出るときに言ってくれないと。っていうか、車を買う前に。

またしてもわが家に難問が襲いかかったけれど、ビザの件ではＹｕｋｏが逆転劇を決めたから、ここはひとつ、ボクに任せてください。

実は、密かに策を講じていたのである。

「おまわりさん、確かに右ハンドルは禁止だけど、旅行者の車は例外だそうですよ」

さりげなく方便を使ってみた。そういう理屈もあるのではないかと思って。

「そんな話は聞いたことがない」

やっぱりそうですか、確かにボクも聞いたことがない。でも、

「おまわりさんが知らないだけです。だって、そうじゃないと、国境で入れてくれませんよ、この車。ね、見ての通り、右ハンドルなんだから」

実際は、税関の職員は書類しか見ていなかったので、ハンドルを確かめていない。

「国境のことなんか、俺は知らんよ！」

とにかく違反だから金を払え！　の一点張りで、頑固な人だった。

そこで、新しい技を繰り出してみた。

「本当なんです、旅行の場合、右ハンドルは許されるんです。そんなに疑うなら、大使館に電話して確かめましょうよ。携帯を貸してください。電話するから」

車のことでどうして大使館なんだ？　って質問は言い出しっぺのボクでも答えられないが、そこは度胸、愛嬌、意外性と権威主義。アフリカは理屈じゃないのだ。

これが効いた。

大使館と聞いて、警察官の腰が引けた。

やだよ、携帯なんか貸すの、大使館に電話することはないよ、まあまあ、運転手さん落

ち着いてということで、無罪放免を勝ち取ったのである。

その後も二、三日に一回くらい、右ハンドル禁止説で捕まったが、すべて「大使館に電話しよう」で事なきを得たのである。

大使館――、魔法の言葉である。

しかしこの魔法、誰にでも効くというわけではなかった。

過日、窓ガラスのヒビで賄賂を請求されたときに、賄賂返しの決まり文句「現金がないからクレジットカードで払っていいですか？」で言い逃れようとしたら、

「町に行って、銀行のATMで下ろして来い」と切り返されてしまった。

で、ついつい、

「ATMは使っていません。現金は、大使館で受け取っています」

魔法の言葉を使ったら、

「どうして大使館でお金なんだ？」

そんな話は一度も聞いたことがないぞ。いまお金がないのに、どうやって大使館まで行くんだ？　ご飯どうするんだ？　昨日の宿代はどうやって払った？　ガソリンはどうしてる？　って、質問攻めにあってしまった。

魔法って、理屈っぽい人には効かないみたい。

トラックをひっくり返した運転手、ぜんぜん反省していない（ブルキナファソ）

コラム　ペルー／ガーナ／カナダ

ネズミの脳天かち割り姿揚げと本当に怖い公衆便所

旅人はそれぞれ、得意分野がある。

どんだけお金を盗られたとか、どんだけ死にそうになったとか、どんだけ貧乏だとか、どんだけスゴいモノを食べたとか。

比較的挑戦しやすいB級グルメは、ライバルが多い。どう嗅いでもトイレの臭いがするとか、発酵しすぎてもはや何を目指していたのかわからないとか、たとえ図鑑に載っていない謎の生物でもわさびと醤油でなんとかイケますとか……。

胃腸の丈夫な若手に勝てるとは思えないので、グルメには足を踏み入れないことにしている。そういえば、ペルーの名物料理でさえ挑戦できなかったのだから。

「うわー♡」

「美味しそう♡」

ペルーの安食堂で地元の家族が手を叩いて喜んだのは、クイの揚げものだった。

クイとは体長二五センチくらい、子猫に豆柴を足して二で割らず、毛並みのもふもふ感を増強。マフラーのように首に巻きたいほど可愛らしいネズミである。

生前どれだけ可愛くても、肉片になっていればネズミでもミミズでも清水くんでもさほど気にならないボクだが、お皿からはみ出した揚げものは、そのまんまだった。

そのまんま鼠。

わかりやすい料理名をつけるとしたら、「ネズミの脳天かち割り姿揚げ」だ。

頭からお股にかけて出刃包丁を振り下ろし、うす皮を一枚残した匠の技。開きになっていた。小麦粉をつけていないので、脱毛されたパイパンネズミの肌はピンク色。たいへん生々しい。油は汗のように滴っていた。悶えても不思議ではないくらい、活き造り風だ。愛くるしかった顔は左右にぱっくりと割られ、つぶらなお目々に映る色即是空。歯並びの良い口が開いていて何やら言いかけている。両手両足の先にはちゃんと指が揃っていて、パーよっつ。じゃんけんだ。

どう見ても解剖。料理というより、理科だった。

それでどんだけ美味しいのかは知らないけれど、件のファミリー、噛めば噛むほどに無口になっていく。いつまでもぐちゃぐちゃ噛んでいたお父さんが、口から肉を出して厨房に叫んだ。

「生焼けじゃん！」

という話をしたいわけではない。わが家の持ちネタだ。旅が長いわりにこれといった得意な話題はないが、〝怖い〟トイレに詳しい。

ロシアのトイレはボットン式で、照明がないので夜は暗い。秋ともなると床が凍り、滑って怖い。と、すでに紹介した。

しかし本当に怖かったのは、凍った床ではない。

ある日、小屋が若干大きいなあと思いながらドアを開けたら、穴がふたつ並んでいたのである。

噂に名高い「ニイハオ・トイレ」だった。

でも、ま、鍵をかけてすればいいかと思ったら、鍵がなかった。

でも、ま、ドアを押さえていればいいかと思ったら、手が届かなかった。

誰も来ないで！　と祈りながら事と次第に至ったのだが、焦っていたのでちゃんと拭いたのか思い出せない。それが怖い。

そんなロシアの二穴トイレも、アフリカのガーナには及ばないというのが本題だ。

首都アクラの小さな商店街。二車線幅の車道があり、両脇に半軒幅の歩道がある。その車道と歩道を跨ぐように、箱のような小屋があった。電話ボックスより小さく、二〇〇リットル冷蔵庫くらいの大きさで、高さ一五〇センチ少々。それが公衆便所だったのである。

ロケーションもさることながら、天井がないのが問題だ。つまりどういう弊害があるかというと、ちょうど二〇歳ぐらいの娘さんがこのトイレ箱に入ったのだが、彼女がズボンだかスカートを下ろしてしゃがむまで、顔が商店街に晒されるのである。

この公衆便所、レベルが高くないですか?

しゃがんで姿が見えなくなっても、人間というのは不思議なもので、隠れたところは勝手に脳内補正したりするものだから、見えないなりに事と次第が見えるのも怖い。

そんな変態チックな話をしたいわけではなくて、青空天井より大きな問題があったのである。

天然水洗なのだ。

小屋は蓋のない側溝の上に建っていた。わかる、そのシステムは理解できる。雨が激しく降っていれば勢いよく流れよう。しかし今日のように青空だったら?

怖すぎて見られないけど、側溝は完全に乾いていた。

よく見たら、ドアもなかった。


天井とドアがない商店街の公衆便所の話を一所懸命書いていたら、フィリピンに似たようなものがあったのを思い出した。

田舎町の信号機に、メロンを半分に切ったような鉄製の器がついていた。腰より少し低い位置に。

「あさがお」だったのだ。

信号が赤の間に、おしっこができるのである。

嘘だあ！　という声が聞こえてきたけれど本当の話です。

目撃したんだから、使っているおじさんを。スキマ時間におしっこをしなければならないほど忙しそうに見えなかったけど。


ここで筆をおくと変態という印象を残しかねないので、世界一綺麗な公衆トイレを紹介して終わりにしたい。

カナダの公園に、全自動清掃トイレなるものがあった。

二畳ほどの広さに便器はひとつ。床以外は便器、壁、天井とステンレスになっている。

入口に張り紙があって、用を済ませたら外に出てきっちりとドアを閉めること。すると、四方八方から洗剤と水が噴き出て清掃が始まる、と書いてあった。

スゴい、食器洗浄機のようではないか！

間違って室内にいたら溺れ死ぬかもと思っていたら、中から声が……。

「ドアが開かないよ～」

張り紙を読んでいないＹｕｋｏが叫んでいた。

初めて見たお魚をくわえたドラ猫（モロッコ）

洪水 ― ナイジェリア

金ならいくらでも払う、バナナもあるぞ！

どんなに頼まれても行きたくない国があった。

ナイジェリアである。

近づいただけで、

「ナイジェリアに向かっていると噂が流れてきましたが……」

「ご存知かと思いますが、誘拐、テロ、殺人がハンパなくて……」

「行くなとは言いませんが、行くときは逝くかも」

といった感じのメールが大使館方面から届いてしまうほど、修羅な国なのである。

しかし、ナイジェリアを避けるとなると、ニジェール→チャド→中央アフリカのルートとなる。『ナショナルジオグラフィック』で探検記が書けそうなくらい、サバイバルだ。

それは誠に恐れ多いので、

「ご心配をおかけしてごめんなさい。お言葉に従ってナイジェリアには行きません」と詫びた。詫びてはみたけれど、いくら軽自動車といえども飛行機の預け荷物にはなりそうも

なく、「やっぱりごめんなさい、一ミリも寄り道をせず、一直線にカメルーンを目指します」と許しをこうたのだった。

少しでも危険を避けるために、〝都会より田舎のほうが安全〟という根拠のないわが家の法則に従い、わざわざ遠回りして辺境の国境に向かった。

ゲートが見えたところで、物陰からあたりをそーっと見渡す。

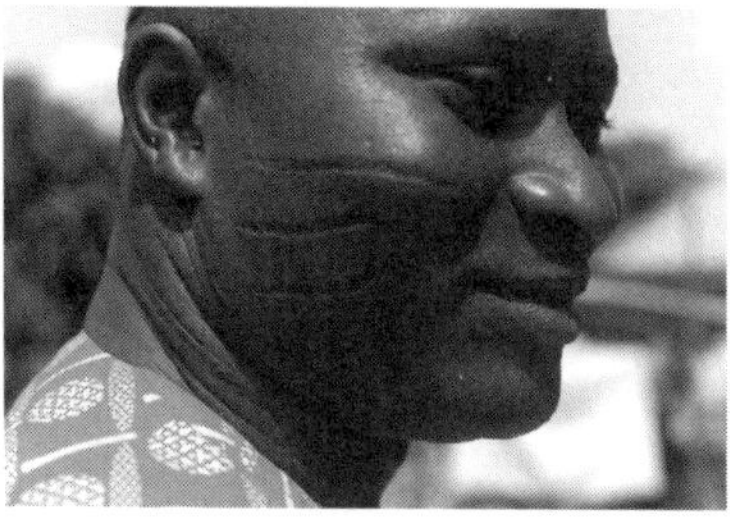

男性陣の人相が一段と悪かった。ただの悪人面ではなくて頬には十センチくらいの切り傷が三本、ドラえもんの髭のように刻まれている。あっちのオヤジもこっちのおっさんも。

両替するときに、その傷はどうしたの？　と訊いたら、

「この傷かい？　ナイフで切ったんだ。部族の印だ」

どんなもんだい、かっこいいだろうって威張っていた。

もう二十一世紀になってだいぶたったというのに、まだそんなことをしているのである、ナイジェリア。たまらなく先行きが不安になった。

Ｙｕｋｏ、国境を越えるまえに強盗対策をしよう。

壊れたカメラと古いスマホはすぐに献上できるように取り出しやすいところにしまい、新しいパソコンとスマホ、高級カメラは荷物の奥底に隠す。

稚内からナイジェリアまで 63,079km
ナイジェリアの楽園度☆☆☆☆☆
もう二度と行きたくない度★★★★★
怖い度★★★★★

五〇〇円くらいの小銭をズボンの左ポケットに入れる。

強盗に出会ったら、このお金を出して「これしかないんです〜」と勘弁してもらうのだ。

右ポケットには、これまで訪れた国の余った小銭を突っ込んでおく。よその国では使えないお金だから価値はない。相手によってはこれで誤魔化すという二段構えにした。

このポケット作戦は、思いのほか、役に立ったのである。

あとは、念のために冷蔵庫でバナナを冷やしておこう。

なんといってもアフリカ、お金よりバナナのほうが喜ばれるかもしれない。襲われるにしても、おもてなしの心を持とう。

準備は整った。

さあ強盗よ、来るなら来い！

金ならいくらでも出す、バナナもあるぞ！　の意気込みで国境を越えたのである。

道中は決して車中泊はせず、早めに宿に入り、宿から出ず、宿の食堂で飯を食う。

徹底して逃亡者のごとくこそこそしていたというのに、天はボクらを見逃してくれなかった。

とうとう、雨季に捕まったのだ。

夜中の豪雨で、幹線道路が水没してしまった。

一世一代の一大事だ。ここで判断を誤ると、確実に新聞の紙面を飾る。

なんせ水没した道を避けるとなると、南へ行くことになるが、反政府ゲリラが陣を張っている。彼らは主に外国人を誘拐して身代金を稼ぐから、とてもじゃないけどお近づきになりたくない。

かといって北へ行けば、イスラム過激派の牙城だ。国籍を問わずに誘拐するというから話にならない。で、脂汗を滴らせながら脳みそは考えた。

バスを尾行してはどうだろう?

地元密着型のバスならば、安全な抜け道を知っているに違いない。いい作戦だ。こっそりとバスの後をつけたら、道路脇の樹木が尋常ならざるほどにもじゃもじゃしてきて、「あっ、やめて、ジャングルだけは勘弁して！」叫んだときには遅かった。

心の声は届かずに、鬱蒼とした密林に連れ込まれてしまったのである。

どうしよう、どうしよう、どうしよう。

象が縦列散歩するような細い獣道は、肉味噌の塊に味噌汁をぶっかけたように泥どろだ。ぬるぬる滑ってまっすぐに走れない。こんなところでひっくり返ったら、車はお釈迦、ボクらはお陀仏。たぶん、猿しか助けてくれないだろう。

かといって慎重に走ってミニバスに置いていかれたら、一〇〇パーセント迷子になる。

泥道は意地悪く交差していたのだ。猿にしか道を訊けないじゃないか。

ひっくり返るか、迷子になるか、どちらがお得か考えていたら、さらなる課題にぶつかった。

大きな水たまりに、行く手を遮られてしまった。

それが、池？　ってくらいデカく、ワニとかカバが似合いそうなくらい貫禄があった。

どう見ても軽自動車の敵ではない。必死に祈った。

「ミニバスさん、撤退しましょうよ、戻ろうよ」って。

願いは届かなかった。

ミニバスは無謀にも池に突っ込んで行く。滝のような大きな水しぶきをあげて。

ああ、なんてこった！　置いてかれると困るんですーっ、と、Ｃｈｉｎ号も水たまりに突っ込んだ。コンマ一秒で後悔した。水たまりは見た目よりはるかに深かった。

一気に沈んだ車は隠れ岩に激突し、絶対に壊れたべ！　って感じの衝撃でボクらは頭を天井にぶつけ（それは大袈裟かな？）、爆裂音がジャングルに轟いた。

水しぶきが十戒のように立ち上がり、ナイアガラの滝を進むが如く、前が完全に見えなくなった。思わずボクらは叫んだ。五十音にない新しい音で声を張り上げた。

いま止まればマフラーに水が入ってエンジンが壊れる！

いまさらUターンはできないから、こうなったら全速力で突っ走るしかない。今できることはそれしかない。ということを右足が考えて勝手にアクセルを踏み込んだ。

お尻の穴に岩石を突っ込まれているような打撃が、あ、あ、あ、あんと続くが、感じている場合じゃないぞ。激しい振動でハンドルを握る手が弾かれそうになる。

エンジンがゲッホンゲホゲホと咳こみ始めて、ピノキオのようにかっくんかくかくと動きがぎこちなくなってきた。

ああ、いよいよだめだ、Ｃｈｉｎ号は完全に終わった……。ボクらはジャングルの藻屑になるんだと目を閉じたとき、ぎりっぎり対岸にたどり着いた。

奇跡だ。

間一髪で、旅の最終回をしのいだ。

振り返ると、池には大きな濁流がうずまいている。その後から、Ｔシャツを着たなんとかトロプスみたいなおじさんたちが五、六人ほど、走ってくるのが見えた。

誰だか知らないけど、お祝いに駆けつけてくれたようだ。

嬉しかった、涙が出そうになった。

みなさん、ありがとう。頑張りました。

旅の何が楽しいって、地元民とのふれあいほど感動するものはないわけで、窓をキュイキュイキュイっと開けて、日本から来ましたあ！　って、愛想よく手を振ったら、

「デャッモッキャヤビポドカッサッ！！！（怒怒怒怒怒）」

怒鳴られたのである。

どうやら怒っている。

でも、おじさん、それってナニ語なの？　って話でまったく意味がわからないが、スコップの振り回し具合からすると、そうとうお怒りのようだ。

あるいは、怒って見えるけどただ単に話し方が激しい部族という線も捨てられないと思ったが、さっさと捨てたほうがいいみたいで、どう見ても大いに殺気立っていた。

地元民とのふれあいは、窓に手を四本も五本も突っ込まれて車から引きずりおろされそうなゾンビ状態になってきた。殺される！　と焦った脳みそが、「デャッモッキャ」で「ビポドカッサッ！」みたいな謎の言葉は、「水がかかって服が汚れたじゃないかー、弁償せーっ！」と翻訳した（たぶんだけど）。

おじさんたちの服なんて知らんがなっ！　って思ったけど、

「みなさん落ちついてください、話せばわかります」

「わかりました、ごめんなさい、もう二度としません！」

ぺこぺこぺこぺこ頭を下げた。が、一向に許してくれない。この勢いだと釜茹でにされるんじゃないかと怯えた右手が、これで勘弁してえとお金を払ってしまった。

小銭を手にしたおじさんたちは現金なもので、うきゃきゃきゃきゃと奇声をあげながら嬉しそうに走り去ったのである。

ひどい、ぼったくりバーならぬ、ぼったくりジャングルだ。バナナをあげる暇もなかった。

でもね、Ｙｕｋｏ、いいんです。どうせ右ポケットのお金は、ほかの国の余った小銭で使えないから。一〇〇円にもならないから。

試合に負けたかもしれないけど、勝負に勝ったよね。

さ、おじさんたちがこのお金は使えないじゃないか！　って気づかないうちに、さっさととんずらしてミニバスに追いつかなきゃ。

と、エンジンをかけたら、ぐぇっほぐえぐえ、げぇげぇのぐえっほ。

Ｃｈｉｎ号は、喉に痰が絡んだような咳をしている。しかも、壊れたピノキオみたいに腰ががっくんがっくん。ぜんぜんスピードが出ないじゃない。

ミニバスさん、ちょっと待って、置いてかないで！

腰砕けのピノキオは、幹線道路に出るまで咳き込んでいた。

そんなにボクの顔が面白いかい？（ナイジェリア）

サファリ ― ナミビア

軽自動車で、ライオンとキリンに会おう

ナイジェリアで、雨季に捕まってしまった。

名も知れぬ町が水没していた。

命綱の幹線道路も沈んでいた。

ジャングルは泥と水たまりにあふれ、なんとかトロプスたちにお金を盗られた。

もう限界だった。逃げ出したかった。けど、カメルーンしか逃げ場所はなかった。

でも、カメルーンにさえ行けば優しくしてもらえる。二〇〇二年のサッカーW杯を思い出してください。旧中津江村との心温まる親交があったよね。日本人ならもてなしてくれるよね。という期待は勘違いだった。毎日、警察官に怒鳴られて賄賂を要求された。

加えて、二日とおかずに天地創造級の雨が降っていた。

で、とうとう降参した。

もう、泥や洪水のなかは走れません、軽自動車では無理です、参りました！

車は貨物船に乗せて、ナミビアへ送ります。それで許してください。

その間、Ｙｕｋｏはフランスへ、ボクは日本に帰って運転免許証を更新。その後、ドイツで合流しよう。ということで、二〇一七年の夏休みはヨーロッパで過ごしたのである。ヨーロッパはいいね、最高。

食べ物は美味しいし、暑すぎないし、町は綺麗。ビザはいらないし、賄賂もない。蚊にさされても、ぽりぽり、痒いわ〜と笑っていられる。幸せな日々だった。

八月末、どうしてボクらはアフリカなんかに行かなければならないのか、楽園はここでいいでしょう——、と思いながらも、ドイツからナミビアへ飛んだのだった。

ところがナミビアに着いてみると意外や意外、首都のウイントフックはプチ・ヨーロッパ。家は立派で大きいし、舗装道路は綺麗だし、ゴミも落ちていない。おっぱいを出した娘さんもブラお母さんも歩いていないけど、遠慮のない子どもたちにベタベタ触られるということもない。チーノチーノと呼び捨てにされない。日中の日差しはそこそこ強いけれど、夕方になると涼しくて過ごしやすい。寒いくらいだ。

ナミビアは、〝もはやアフリカではない〟のである。

ウォルビスベイ港で相棒のＣｈｉｎ号を引き取り、アフリカ縦断ドライブ〝セカンド・シーズン〟が始まったのだった。

稚内からナミビアまで 64,000km
ナミビアの楽園度★★★☆☆
サファリの動物度★★★☆☆
キャンプ場の快適度★★★★☆

とりあえず、サファリへ行こうよ、Ｙｕｋｏ。

なんか、無性にカラダが野生動物を欲していて、ムラムラするから。

なんせ二〇一六年の十一月から半年間もアフリカをうろついたというのに、動物といえば、ヤギ、牛、ラクダ。ぜんぶ家畜。ちっともアフリカにいる気がしなかった。

ナミビアといえば、エトーシャという国立公園が有名らしい。

入場料はひとり六七〇円で、車一台八四〇円。たった二一八〇円で、自分の車で自由に走っていいって。信じられる？　軽自動車で野生動物見放題だって！

入場料を払って公園に入ると、未舗装ながらもカタく締まった道。泥も穴もないから、軽自動車でも余裕だ。見渡しきれないほど、だだっぴろい草原が広がっていた。これが正真正銘、天然の大自然というものなのか――。

一分間景色を見ただけで、五〇〇円分くらい感動してしまった。

ガイドもなしで動物に会えるものかと心配したけれど、その辺にうようよいた。

巨大な鳥は、ダチョウだ。鳥にしては人相が悪く、飛べないくせに威張っている。

あっちにいる縦長の変な顔は、神さまの失敗作と呼ばれているヌーではないか。

確かにテキトーに作った感があって、なにかとバランスが悪い。特に顔の縦横比率が異様に不自然だ。神さん、やり直し！

縞模様のおかげで誰よりも目立つ群れは、シマウマ。馬と名乗っているけど本当はロバで、わんわんと鳴くらしい。絶対に家畜にならない頑固者とのことだ。

象は、Chin号よりデカかった。うっかり近づいたら怒られた。間合いが難しい。

両足を思いっきり左右に広げて、不自由そうに池の水を飲んでいるのはキリン。進化したおかげで生きにくくなってない？　大丈夫？　見渡しても背の高い木はないけど。

ハイライトは、なんといっても百獣の王ライオン。

雌は貫禄があって、目つきに肉欲感がみなぎっている。雄はかなりおじいちゃんみたいで休みなくぷるぷる震えていた。年の差婚かも。それはいいとして、やっぱり肉食系は血湧き肉躍る。胸がときめく。できれば誰かを襲ってくれないものかとしばらく見ていたけれど、ずーっとぷるぷる震えていただけだった。血しぶきが見たかったのに。

おっと、木陰にヒョウを発見。何を狙っているのか、一心に遠くを見つめていた。

「ヒョウって、本当にヒョウ柄なんだねー」

後日、友達に写真を送ったら、あの顔はチーターだって教えられた。

チーターのほうが珍しいというのに、ヒョウだと思って見ていて損をした。

夜は、サファリ内のキャンプ場で車中泊。これがまた感動モノだ。

日が暮れてからあたりを散歩すると、池の水をこっそり飲んでいたのは、サイ。ボクは圧倒的にカバ派なんだけど、こそこそしているサイも悪くない。可愛いやつである。

たった一日のサファリドライブで、西アフリカ放浪半年間の一〇〇倍以上、楽しめたのだった。

ナミビアはもはやアフリカじゃない！　なんて言ったけど撤回します。

これぞアフリカ！　なのである。


ナミビアの地図を見ると、エトーシャ国立公園より東に、カプリビ回廊という怪しげな一帯がある。その昔ドイツが、アフリカの東海岸まで領土を広げようとした無謀な計画の跡で、不自然に細長くまっすぐに伸びている。

大河に接しているためキャンプ場が多く、高級ロッジが経営しているので設備がいい。

プライベートのトイレ・シャワーにキッチン、大きなバーベキュー台。シャワーのボイラーは、薪を燃やすレトロなものだ。燃焼室を覗いてみたら、がんがん薪が燃えていた。

もしかしたら、ここでバーベキューができるかも？

試しに牛肉と野菜を入れてみたら、それはもう見事に焼けるじゃないですか。

Ｙｕｋｏ、すごくね？

薪代を節約できるから、賢いバーベキューじゃん！　って大いに胸を張ったものだけど、誰かに見られたらこっぱずかしい貧乏臭さ。そこが改良点である。

欧米人キャンパーが、「オタクの車、小さくていいね」って褒めてくれて、日本から走って来たと言うと、オーマイガーと驚いてワインとステーキをご馳走してくれた。

お金持ちの集まるキャンプ場では、我らＣｈｉｎ号隊の貧乏臭さは飯のタネになるのだ。


カプリビ回廊の名物は、カバである。

ぶひぶほぶはぶ、ぶひぶほぶはぶひぶほぶ……。

鳴き声を子守唄に寝ていたら、夜中、対岸のアンゴラから盗賊が忍び込んできた。

舟で渡ってきたので海賊だ。

ステーキをご馳走してくれたカップルの車の窓を割って、荷物を盗んでいった。

すぐ隣のわれらのＣｈｉｎ号が被害に遭わなかったのは、アンゴラ人から見ても貧乏臭かったということで、身なりは大切である。

なんにしろ川向こうから海賊がやって来るとは。

さすがアフリカ！　感動しました。

← 〈ショート動画〉サファリで野生動物を探そう（ナミビア）

AKA480
E 3243

こうなると、いくら砂を掘っても抜け出せない（ボツワナ）

お試し移住――ボツワナ

美味しいのはキリンの首

むかしむかし、アフリカの貧乏国の王様が英国に留学をしました。

保険会社に勤める美しい白人女性と恋に落ちて、結婚をしました。

このおめでたい話にケチをつけたのが、アパルトヘイトな南アフリカです。

白人と黒人の結婚が許せないと、「結婚するなら、王様を辞めろ！」と英国議会を通して脅す小姑ぶり。経済的事情で南アフリカに頭が上がらない当時の英国は、帰国禁止令を出して邪魔をします。別れなさい！　って。ひどい話でございます。

だけどです、王様、愛を選びました。

王位を捨てて、一市民として帰国したのです。


すごくね、Ｙｕｋｏにできる？

で、その元王様なんだけど、新人議員として政治活動を始めて、一〇年後に初代大統領として返り咲いたって。むちゃくちゃ根性あるよね。Ｙｕｋｏにできる？

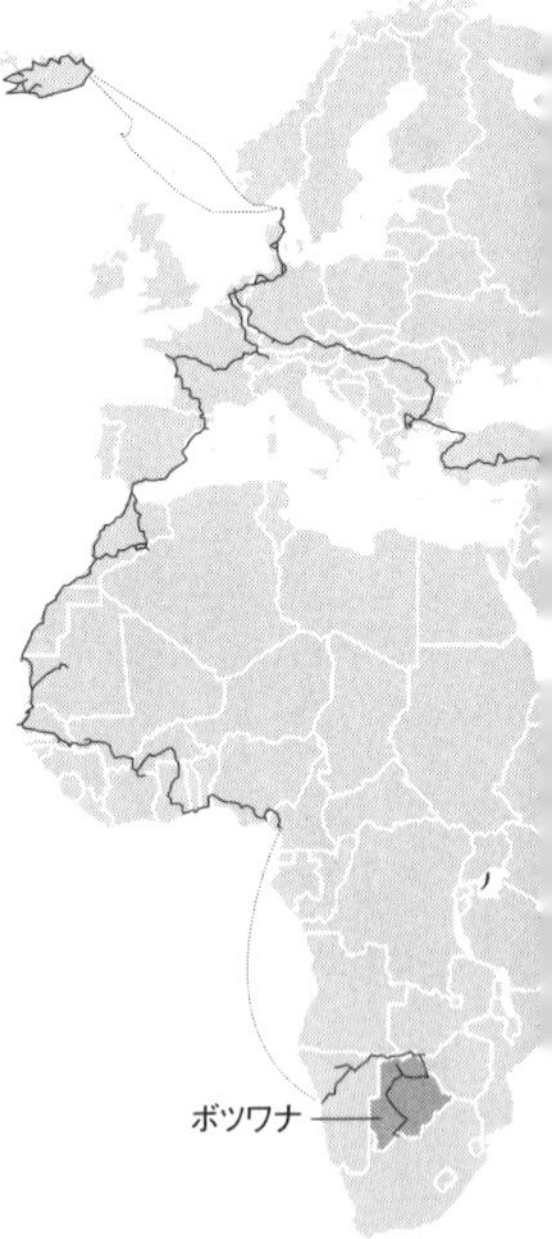

でね、続きがあって、大統領になったけど、貧乏国であることは変わりないじゃない。貧しさゆえに、憎っくき南アフリカに吸収合併されそうだったんだけど、奇跡がミラクるのよ。ひょんなことからダイヤモンド鉱山が発見されて、それがなんと世界最大級！

当時、人口が六〇万人しかいなかったから、食べきれないほどの棚からぼた餅なわけ。以降、経済成長率で世界記録を出すわ、最貧国から中所得国に出世するわ、二〇〇二年には日本の国債格付けを追い越してくれたって。

ついには、国民ひとり当たりのGDPで、あのお節介な南アフリカの上に立ったってさ。

おめでとうございます。

大統領、さぞかしビールが美味しかったことでしょう。

というわけで、愛とダイヤモンドの国、ボツワナに来ました。

ボツワナ――、名前はなんとなく辛気くさいけど、いいところです。

ダイヤモンドの恩恵が行き届いている。西アフリカと違って、間に合う程度にトイレがある。ちゃんと便座もある。使われていない紙もある。

みなさん、こざっぱりとした服を着ている。洗濯に不自由なボクらより、よほど清潔。

稚内からボツワナまで67,506km
ボツワナの楽園度★★★★☆
サファリの動物度★★★★★
起業しやすい度★★★★☆

犬が歩いてると思ったらイボイノシシだったり、なんかデカいと思ったら象だったりする野生の王国だけど、「トモダチ、トモダチ」と近寄ってくる名もしれぬ友達はいない。たまにお金を無心されても、「ビールを買うから二〇〇円くれ」

目的を提示してのおねだりだから、ボクらよりよほど育ちが良さそうだ。

南アフリカ人のマリン女氏が言うには、

「ボツワナは国土が広いのに、人口が二三〇万人しかいないのよ（ダイヤモンド効果なのか、けっこう増えてる！）。外国人の移住は大歓迎よ」

要するに日本の一・五倍の広さに、宮城県の人口しか住んでいないって。

「起業するのが簡単だから、外国人がたくさん商売してるわよ」とのことだ。

知らなかった、移住しやすいんだって、ボツワナ。

しからばＹｕｋｏ、一丁、お試し移住でもしてみない？

ちょうどマウンという町に、いい感じの家があってね、五四畳のワンルームだって。

トイレ・シャワーだけで八畳もあるし、憧れのアイランドキッチン。

庭にはバーベキュー台が三つも四つもあって、プールとトランポリンもある。

家賃は、月九〇〇米ドル。

なんでそんな贅沢をするんだと思うだろうけど、実はね、家の裏に川があって、カバとワニが来るんだって。ベランダから野生動物が見られるなんて、最高のプライベート・サファリみたいじゃん。

朝飯を食べながら、ワニとカバの格闘が見られるかもしれないんだよ。

もし、それをYouTubeに流したらどうなるの？　儲かっちゃうかも！

という欲の皮を胸に秘めて、六週間ほどプチ移住したのだった。


カバワニハウスは、快適だった。

キッチンのシンクでサソリが待ち伏せしていたり、棚の隅に蜂の巣があったり、毎日、奇怪な虫が編隊を組んで飛んでたりしたけれど、とくに命に別条はなかった。

町にはスーパーマーケットが四軒もあって、白菜やオクラ、バオバブの実も手に入る。

肉屋には、野生動物の肉も売っていた。

「一番のオススメは、キリンの首だね」

「美味いよ。でもね、天然物だからいつ入荷されるかわからないのよ」

「クーズーはどう？　見た目は鹿なんだけど、ウシ科の動物。これも天然もの」

店主のオススメに従ってクーズーなるものをバーベキューしたら、さすがウシ科。味はまんまステーキ。原始時代から続く正真正銘のオーガニックは、脂が少なくてカラダに優しそうな味だった。

というグルメなお試し移住は、事件のひとつも起こることなくあっという間に終わった。結局、カバとワニには一度もお目にかかれなかったし、キリンも入荷しなかったから、誇大広告じゃん！　と文句たらたらかというと、そんなことはない。

楽園候補地として急浮上したのである。

西アフリカほど暑くはないし、そこそこ安全だし、近所でカバ、ワニ、ゾウ、イボイノシシと野生動物に会える。白菜とオクラも嬉しい。

悪くないよね、ボツワナに住むの。でも家賃が高いから、小遣い稼ぎをしたいよね？で、考えたんだけど、お金持ちの日本人老夫婦限定で、サファリツアーに<ruby>く</ruby>っついて行く、という商売はどうだろう？

というのも、ボツワナにはふたつのタイプのサファリがあって、ひとつはチョベ国立公園。ひとり三〇〇〇円。月に一回遊べるくらい無理がない価格帯だ。これは庶民のみなさんが、自分で勝手に行けばいい。

ボツワナにはもうひとタイプ、お金持ち専用のサファリがある。こっちが味噌。

オカバンゴ・デルタといって、アンゴラから流れてきた川がボツワナの真ん中で行き場がなくなって、四方八方に広がった世界最大級のデルタ地帯。道路がないから、アクセスは軽飛行機のみという辺境中の辺境なわけ。バックパッカーやしつこいガイドや強盗の類いがいなくて、〝地球に残された最後の秘境〟ってガイドブックに書いてある。

旅行代は、マウン空港から軽飛行機に乗って、二泊三日でひとり十五万円。けど、お金持ちにとってはたいした金額ではないよね。車に乗りながら動物を見物できるゲームサファリ付きで食べ放題飲み放題だし。

でもね、誰の案内もなくて遊びに来るのは億劫でしょう、老夫婦には敷居が高いでしょう。そこでボクらがお友達としてくっついて行って、おしゃべりしたり笑かしたりして、少しお小遣いをもらうビジネスモデル。忙しいと面倒だから、ひと月にひと組みかふた組みだけの限定案内。いいアイデアだと思わない?

商売するとなると一度現地を見ておかないとならないよね、オカバンゴ・デルタ。とはいえ、ふたりで三〇万円もかかるので、ここはひとつ提案です。Yukoの誕生日プレゼント二〇年分ということでいかがですか?

軽飛行機に乗ったのだった。

正直言うと、オカバンゴ・デルタの野生動物は、庶民派の公園の動物と少しも変わらなかった。ライオンもゾウも同じ顔をしていた。

が、しかし、コテージは天下一品。

さすがお金持ち用、設計が粋なのです。

コテージはサバンナのど真ん中にあり、全面ガラス張り。

リビングやベランダでくつろぎながら、シャワーを浴びながら、プライベートプールで泳ぎながら、いつでも草原を見渡せるデザイン。

トイレで便座に座っているとき以外は、全方位的に動物を見られる家づくりだった。

ついでに言うと、シャワーはリビングにあって、洗っているところを全方位的に見られる開放感もありえない。

よく理解できない人がいるだろうからもう一度説明すると、ソファやダイニングテーブルの横でシャワーを浴びられるんです。晩御飯を食べながら、頭を洗えるんです。

その開けっぴろげなシャワーよりお茶目な点は、コテージのまわりに一メートルも柵がないという安全管理。いつライオンに襲われても想定内で、夜間は外出禁止という緊張感が贅沢の極みである。

夜中、プライベートプールで泳いだり、ベランダで一杯やっていて大丈夫なんだろうか?

実際、ベランダの前をカバが歩いていたときは（歩いてました！）、手が震えてカメラを構えられなかった。カバは本当にデカく、目は明後日を見ていて、どんな技を繰り出しても勝てそうにない貫禄があった。もしいま音を出したら、ぷ〜とか（なんせ緊張しているもんで）、間違いなく突進されて殺される！　という恐怖が料金に上乗せされているのである。

補足すると、ゲームドライブのときに乗ったトヨタのランドクルーザーにも感動した。うちのＣｈｉｎ号と違って、世界的には誰も振り向かない珍しくもなんともない普通の車だというのに、池や川を躊躇せずに突っ込んでゆく勇猛果敢な無茶ぶり。水陸両用なんですかね？

Ｙｕｋｏの二〇年分の誕生日を楽しんだ後、南アフリカを目指して南下した。キャンプ場が見つからなかったある日、ガソリンスタンドの駐車場で車中泊をした。晩飯を食べたあと、地平線に沈んでゆく夕日を眺める。

「そういえば、愛のボツワナ物語なんだけどね、ダイヤモンド鉱山が見つかったきっかけは、蟻塚だって。蟻塚のなかにお宝があったって」

Ｙｕｋｏ、ほらっ、あそこに蟻塚があるじゃないですか。あれ掘ってみない？　じいさんばあさんをあてにしなくてもいいかもよ。

3243

肉が腐った臭いがするんだけど、誰か死んでませんか？（ボツワナ）
←〈ショート動画〉一般道を横断するゾウ

仮ゴール――南アフリカ

稚内から二年と四か月も走ると、地球二回転

南部アフリカの警察は、西アフリカと違うのだ。真面目に職務に取り組む。それが迷惑だった。

ナミビア人のおじさんに、

「ナミビアの警察ってどう？　賄賂とかある？」って訊いたら、

「そんな悪い警察官はいません、みんな良い人です」

「お金をせびるおまわりさんがいたらボクに教えてください、通報しますから」って。

それですっかり安心してハンドルを握っていたら、検問で呼び止められた。

「フロントガラスのヒビは、違反です」

えっ？

運転手さんお名前は？　お国は？　パスポートを出してください。

手際よくちゃちゃちゃちゃと反則切符を切って、ハイ、罰金四五〇〇円ですって。

銀行で払ってくださいって。

アフリカではじめて、本物の罰金刑を頂戴したのである。

賄賂を要求してくるどころか、言い訳や情に訴える隙がコンマ一秒もなかった。

ということは、今後はあらぬ罪を押し付けられて脅されることもないってことだ。

安心しました。これからは心置きなくハンドルを握れます。

でもですね、おまわりさん、毎日捕まるってことないですよね？

軽自動車のフロントガラスなんて、アフリカで売ってないんですよ。


お隣のジンバブエ警察もまた、真面目だった。

「運転手さん、ナンバープレートのライトが切れています」

え、ライト？　なにそれ、どこのこと？

ここです、って、おまわりさんはナンバープレートの上の隠れた豆電球を指さした。

こんなところに電球があるんだ。へー、知らんかった。

確かに灯いてないね。でもいいじゃん、こんなところ。いま、昼間だし。

「罰金は二〇〇〇円です」

稚内から南アフリカまで 71,799km
南アフリカの楽園度★★★★☆
サファリの動物度★★★★★
キャンプ場の快適度★★★★★

いやいやいやおまわりさん、ちょっと待ってクダサイ。人の話、聞いてる？　こんなところのライトなんて意味ないって。みんな灯いてないですって。誰も気にしないって。

「意味はあります。どの車も灯いています。疑うならほかの車を調べたらいい」

いいですよ、じゃあ調べましょうよ、というわけで検問に加わった。

思うに、ジンバブエ史上初の日本人交通検問官（無資格）である。

一緒に道路の真ん中に立ち、彼が車を止めて、ボクがライトをチェックする係だ。

このコンビネーションは存外に息ぴったりで、次から次へと車を調べることができた。

けど、どの車もちゃんとライトが灯いていた。

ナンバープレートがない車でも！

お、おまわりさん、ナンバーなしは違反じゃなくて、ライトなしが違反なんですか⁉

おかしいでしょう、本末転倒でしょう？

ライトは何を照らすの？　色即是空？　って訊いても耳を貸してはくれないものだから、

「わかりました罰金を払います。でも現金は持ってないから、クレジットカード払いで」

賄賂を封じる殺し文句「カード払い」を使ったら、署に連行されたのである。

望み通りに、カード払いをさせてくれたのだった。

南部アフリカの警察は悪い人じゃないけど、手に負えないのである。

ジンバブエとザンビアの両岸からビクトリアの滝を見たあとボツワナに戻り、この先はいよいよ南アフリカである。

折り返して日本に帰るのでハーフポイント、〝仮〟ゴールだ。

ボクら的には、ジャアアアンと銅鑼《どら》が鳴り響くくらいの感動の入国だけど、もちろん、花火が上がることもなく、紙吹雪もなく、蒲田行進曲もない。ゴミが舞っているだけ。

イミグレや税関で、日本から来ました！ と言っても反応なし。どこから来たかは興味ないみたい。それどころか、車と荷物の検査もしてくれない。

何しに来ましたか？ というお決まりの質問もない。パスポートにスタンプを押すだけ。どこの国よりも無関心というか、冷たい。車の書類も見てくれないし、新しく書類を作ることもない。車両保険も必要ないというのである。本当に？

なんか、妙にザル。こんなんでいいのか、南アフリカって感じ。

入国してすぐに目にしたのは、木の下で涼むローカル・ファミリーだった。

ほぼ全裸。言うなれば、ほぼギャートルズ。いきなり原始時代。

お父さんは大事なところだけを小さな皮で隠し、お母さんはズボンを穿いていたけれど、トップレス。それはもう立派なおっぱいをへその手前まで垂らしていた。

存在感のある乳輪と前歯のない笑顔。強烈なギャップ萌えだけど、けっこう美人でね、ドレスのひとつでも着せたら、歌舞伎町で人気者になるかも。歯がないけど。

お父さんは、これから狩りに行くと言って長い棒を構えていたから、南アフリカ人って野生的！　と感心したものだけど、その後はひとりもそんな人を見ることはなく（なんだったんだ、あの家族）、二〇一七年十二月二一日、ケープタウンに到着したのである。

ゴーーーールインッ！

と音引きを増やしたぶん、かえって寂しくなるくらいひっそりと。

感動の〝か〟の字もなく。風鈴すら鳴らず。

Ｙｕｋｏと握手をして、軽くハグをしただけ。

お疲れさまでした。

稚内から二年と四か月もかかったというのに、あまりにも地味。

七万二〇〇〇キロもアクセルを踏んだというのに、あまりにも静か。

地球をほぼ二回転もしたというのに、誰も褒めてくれない。

しかたないから、Ｃｈｉｎ号のお尻でも撫でようか。

ご苦労さまでした。

六六〇ccという短足で、よくぞここまで走ってくれました。

無事故四違反で三罰金。賄賂カツアゲは数知れず。ときには泣きました。

エアコンのベルトが切れたのは二回。五回もパンクをしたものだから、タイヤの交換はお任せください。

これまでの楽園の候補地は、キルギス、アルメニア、ジョージア、モロッコ、マリ、ボツワナの六か国。法律的に住めるかどうかは知らないけれど、そこそこ集まりました。

大晦日に喜望峰へ行きましょう。そして、初日の出を拝みましょう。

ペンギンの写真を撮ったら、日本へ帰ろう。

あと、たぶん七万キロ。寄り道をしなければ六万キロかな。もしかしたら五万かも？

それまでは、死んでも故障しないでください。約束ですよ。

そういえば最近、クラッチから怪鳥の雛鳥みたいな声がするけど、大丈夫ですか？

エンジンランプも点きっぱなしだけど、何か言いたいことがありますか？

なんにしろ予備タイヤは四本しかないから、これがなくなる前にヨーロッパへ渡ろう。

あ、そうだ、フロントガラスを探さないと。

警察を見るたびに、胃が痛くなるから。

晩飯のおかずに鳥を捕まえてくると言っていたお父さん（南アフリカ）
←〈ショート動画〉走っても走っても南アフリカ

貧民街——南アフリカ

道が狭くなったら、逃げられない

自分でハンドルを握って、稚内から南アフリカにたどり着いた。たいしたもんである。

今だから言えるけど、正直、そんなことができるとは思っていなかった。これはひとえに、スマホの地図アプリのおかげである。ありがとう。

地図アプリの指し示す線をたどれば、とても人が住んでいるとは思えない荒野の先に、火星にしか見えない土漠の先に、ちゃんと目的地があった。

ときには「キャンプ場」と書いておきながら「難民キャンプ」だったり（お茶を飲んでけよと誘われたけど、とてもとてもとてもそんな雰囲気ではない）、道かと思わせて水なし川だったりしたが、そんなお茶目はいい思い出となった。

今日はケープタウンの街を北から南へ移動するので、いつものようにご指導願いたい。バイパスは高速道路のように忙しないから、住宅街を抜けましょう。

遠回りになるけど構わないです。ボクらの旅の目的は、住みやすい楽園を探すことなのです。何かひとつ、そういった感じの町を案内してくれると幸いです。

幹線道路を外れて、住宅街に入った。

車の窓を開けて、右肘を出して風にあたる。行き交う車はないから、ゆっくり走れる。芝生の綺麗な住宅街は不動産価格が高そうだから楽園の参考にはならないが、舗装道路が土に変わったあたりから、ぐっとお手頃感がでてきた。

壁や塀のブロックが剥き出しになり、ペンキもモルタルも中途半端。空き地には粗大ゴミが山となり、放置された車の窓からぐわっと緑の葉がはみ出ていて、おしゃれだ。

犬の死体が転がっているけど、違和感はない。ゴミが散らかっている。グラインダーが鉄を削る甲高い音や、軒先の溶接の火花が美しい。スープを火にかけているのだろうか、煮物系の美味しそうな匂いが漂っていた。

通りをゆく人たちが、変な顔をした人間が見たことのない車を運転してるぞって目つきで見るので、どうもー、日本から来ましたあ、と手を振っていた。

愛想を振りまいて住民の反応を見るのも楽園探しの一環だ。

Ｙｕｋｏ、南アフリカは世界一危ないと聞くけれども、実際にこの目で見てみると、案外そうでもないね。こういうところに住むのも悪くもないかもしれないね……、呑気なことを言えるのもここまでだった。

突き当たりで右に曲がったら、様相が一変したのである。

極端に道幅が狭くなり、ゴミは桜吹雪のように舞っていた。

貧民街かも！

Uターンしようと思ったけど、道幅が狭い。バックしようにも後ろに人が立っている。

ああ、どうしたらいいのだろう？

コンマ一秒の刹那に、UターンバックUターンバックと一〇回くらい唱えたが打開策は浮かばず、とりあえず窓をそーっと閉めた。

教習所で習ったような正しい姿勢でハンドルを握り、全身全霊全力で静かにアクセルを踏んだ。息を殺して、誰にも見つかりませんように、と祈った。

しかし、それはどだい無理なお願いだった。

貧民街というところは、やたらと人が多いのである。

たぶん、家のなかより外のほうが過ごしやすいんではないかと。寝るとき以外は、常に外にいるのではないかと。軒下で煮炊きをしていて、家の前でアウトドアライフを送っているのではないかと。

だから、人が多いわりに歩いている人は少なかった。

多くの女性は立ち話をしている。

男衆は昭和の時代の不良高校生さながら軒下に座り込んでいる。

おじいさんおばあさんにいたっては、歩いているのか止まっているのかわからない。

道路脇に商品を並べる商売人も多く、たいへんに邪魔だ。

これから祭りが始まるかのように人がいるところを、世にも珍しい軽自動車なるものが通りすぎた。見慣れないナンバープレートで。変な顔の気の弱そうな男がハンドルを握っている。

否が応にも目立った。昭和の時代のスーパーカー並みの注目を集めた。

ボクらがどんだけ呼吸を減らして気配を消しても、さり気ないフリを装っても効果はなかった。すべての人が一斉に、レーザービームのようにガン見した。

遠慮のかけらもデリカシーもない、好奇心と不審に満ちた視線にカラダが痒くなった。

見ないで！　って叫んだ。

が、心の声は誰にも届かない。

「なんだ、ありゃ？」眉間に皺を寄せている。

おいおいおいおいって、言われている気がする。

もし目があえば、ちょっとあんた、止まらんかいって通せんぼされそうだから、誰とも視線が絡まないように、まっすぐ前のはるか遠くの未来を見つめて運転した。

子どもが突然飛び出してくるかもしれないから、黒目は動かさずに角膜だけであたりをスキャンする。

家々は木端を集めたような壁。路地があれば、逃げ道があるかもしれない。

が、木端はすぐにトタン板に変わった。

そして、逃げられないと悟った。

トタンは構造的に弱いのか（弱いよね、どう考えても）、家と家がつながった集合住宅となっていたのだ。路地なんてないじゃない。

そんなトタン街道の真ん中で、井戸端会議をする一団にぶつかってしまった。

ああ、なんて迷惑な。

恐れ多くてクラクションは鳴らせないし、おしゃべりに夢中で気づいてくれないし。

すみません、ちょっとどいてくれませんか？　ってお願いしても、心の声は届かないし。

小腸を雑巾絞りされているようなムカムカ感がして、脂汗と冷や汗が同時にだらだら流れた。目が霞む。ハンドルを握りながら、ひたすら祈りに祈って祈りまくったところで、井戸端会議団が振り向いた。

なんだあこいつら、って言われているような気がしなくもないけれど、普通に道を開けてくれた。

案外、いい人たちだった。

そして、地図アプリの頼りない線をなぞって幹線道路に出たのである。

体感時間は一時間くらいだったけど、十五分間くらいだっただろうか、貧民街ツアー。

娑婆に出ても、しばらくは手と太ももの震えが止まらなかった。


自分でハンドルを握って、南アフリカの貧民街を走った。

たいしたもんである。

今だから言えるけど、正直、そんなことができるとは思っていなかった。

これはひとえにスマホの地図アプリのおかげだと思うので、勘弁してください。

もう少しで泣くところだったです。

悩みごとはなんですか？（南アフリカ）

コラム キルギス／カザフスタン／南アフリカ

賄賂の上手な断り方

警察官にお金を要求されることをひと括りに「賄賂」と呼んでいるが、土地によってタイプが違う。

芝居がかったものや、お小遣いをねだるような気さくなもの、重度なカツアゲ系までさまざまだ。ボクらは中南米のメキシコやペルー、中央アジアやアフリカと各地で揉まれてきた。おかげで、角の立たない上手な断り方を身につけることができた。

ビジネスの現場でも役立つので、ぜひ参考にしていただきたい。

一五〇円で忍耐力を教えてくれた、キルギスの警察官

中央アジアの貧しい国、キルギスの賄賂は安い。

一〇〇ソム（およそ一五〇円）だ。たかが一五〇円だけど、どこよりも真剣に盗りにくる。情熱がある。けど悲しいかな、彼らは技に乏しい。

「マネー！　マネー！　マネー！」と脅してくるか、「プレゼント！　プレゼント！　プレゼント！」と怒鳴るか。ほかに知っている英語は、「ギブミー」だ。たいした金額ではないので払ってもいいけれど、言い方に可愛らしさがないので払う気にもなれない。

そこで、彼らのボキャブラリー不足にあわせて、似て非なる技で対抗してみた。日本語だけで返事をした。これが意外に効果があった。

「すみません、日本語しか話せなくて」と、普通に日本語で謝るのである。精一杯すまなそうな顔をして、ぺこぺこと頭を下げて。痒くもない頭を掻いて。

これは簡単なようで意外に難しい。強い精神力がなくてはできない。

マネーとプレゼントの意味すら知らないのかよって、最初は苦笑いする警察官だけど、そのうち、いい加減にせんかーっ！　と激怒する。マネーだああ！　と大声を張り上げる。怒り疲れたら、ほんとにバカなのか、こいつ？　って苦笑いする。で、また、いい加減にせんかいー！

一〇分間くらいロシア語だかキルギス語だかで怒鳴られ続けると、本当の意味はわからないにしても、心が折れてくる。挫けてはいけない、我慢だ。

どんだけ頭が悪いんだよ、あんた？　って悲しい顔をされるのは本当に辛い。だからといって、本当は賢いんですよ、おまわりさんより英語しゃべれるんですよ……、と見栄を張っては水の泡になる。辛抱だ。忍の一字だ。

一五〇円を払えば解放してくれるというのに、ホントにあんた頭悪いんだなあって呆れた顔で笑われても日本語で返事をし続けたおかげで、お金に変えられないほどの忍耐力が身についた。ありがとう。対戦成績は五戦全勝である。

忍耐力を身につけたい人は、キルギスへどうぞ。

演技力を教えてくれたカザフスタン

国力の違いは賄賂に出る。

キルギスの警察官は、貧しさゆえのギスギス感が漂っていたけれど、天然資源に恵まれているカザフスタンの警察はゆとりがある。なにより茶目っ気がある。

糊の利いた制服をビシっと着こなしたおまわりさんが、問いかけてきた。

「日本のお金は、イエンというのか？」

「ダー」とロシア語で返事をした。〝イエス〟という意味である。

「たとえばだ……」

ダー。

「アメリカのお金は、ドルと言うね」

ダー。

「ヨーロッパは、ユーロ」

「ロシアはルーブル。日本はイエン。私は……」

左手でジャケットの襟を開き、

「お金を集めるのが趣味なんだ」

ジャケットの内側に、しゅしゅっと右手を入れたり出したり。最後にウィンクをした。

ハラショー！　なんて芝居っ気のある人なんでしょう。ちっともお金を盗られる気がしない。むしろ、おひねりをはずみたくなるほどの名演技。だけどチップを弾むとなると賄賂を払わないと筋が通らない――、気がしなくもない。

よござんす、演技には演技で対抗しましょう。

少し首をかしげて、目をパチクリ。意味がわからないわってとぼけてみた。力一杯可愛らしく。五〇歳を過ぎた坊主頭のボクだから無理のある演技だ。それはわかっている。

おまわりさんが一瞬、バカかなこいつ？　って顔をしたが、再びチャレンジしてくれた。

「アメリカはドル。いいかな？」

ダー。

「ヨーロッパはユーロ、ロシアはルーブル。そして、(一拍おいて)日本はイエン」ダー。

わかったかなイポンスキー(日本人)? って目で問いかけてきて、右手を襟の内側に入れたり出したりしゅしゅしゅしゅのしゅ。締めのウィンク。

ハラショー!

何度見ても素晴らしい演技に、心の中で拍手喝采、スタンディングオベーションだ。

では、こちらも前回同様、首をかしげて目をパチクリ。精一杯可愛らしく振る舞ったら、

「もういいよ、ばかっ」って、追い出されたのだった。

カザフスタンでも、全戦全勝だった。

注)嘘っぽい話に聞こえると思うが、本当の話だから文句を言わないように。

笑顔の大切さを教えてくれたのは、南アフリカ

南アフリカでは滅多に警察官を見ない。

白人の少ない地域を走ると、賄賂な警察官が出没する。

彼らの攻めどころは、だいたい同じ。やっかいなのは人数が多いことだ。

フロントガラスに貼ったザンビアの保険シールを指でつついて、「保険が切れているから、罰金を払いなさい！」と攻めてくる。

「おまわりさん、よく見てください。これはザンビアの保険証です」

Ｙｕｋｏが窓から顔を出して、

「南アフリカのものではないですよ」と加勢する。

その声を聞きつけたほかのおまわりさんがやってきて、

「どこの国のものでも、保険が切れていたら罰金だ！」と援護射撃する。

「でも、南アフリカでザンビアの保険は使えないですよね？」

「事故っても保険金はおりないですよね？」

「使えない保険で罰金って変ですよね？」と言っても、馬の耳にマジ豆腐だ。

何を騒いでいるんだ？　どうしたどうした？　とほかのおまわりさんがどんどんやってきて、「ふむふむなるほど」とうなずきはするものの、「それはやっぱり罰金だ！」と同じことを言うのだった。

話し合えば話し合うほど、野次馬的なおまわりさんが増殖して、車を囲まれて悟った。

しょせん、理屈は屁理屈に勝てない。

南アフリカは英語圏だから、英語力でも勝てない。

しゃべるほどにおまわりさんが増えてしまい、人数的にも不利になる。

よござんす、しからば会話を減らす作戦に出ましょう。

Ｙｕｋｏは、「ひと言も英語を話せないおばさん」という設定にした。

Ｙｕｋｏは何を言われてもにたにた笑うだけで、ボクがひとりで苦情を受け付けるのだ。

この作戦はあたった。

おまわりさん、一対一のサシで話し続けるのは辛いようで、なにかとＹｕｋｏを参戦させようとする。話しかける。

「奥さん、違反ですよ、罰金を払ってください」

Ｙｕｋｏは無言で「にたにた～」

「罰金を……」「にたにた～」「英語、話せないの？」「にたにた～」

野次馬的警察官が来ても、「どっから来たの？」「にたにた～」

Ｙｕｋｏの笑顔が、これほどまでに人を寄せ付けないとは知らなかった。すぐに釈放してくれるのだった。

南アフリカ警察との闘いもまた、全戦全勝を飾った。

こうして、人生に大切なことは賄賂警察官に教わったのである。
というか、結局、バカなの？　って思われて釈放されている気がします。

屋根の上に、キャンプ場のオーナーからもらったアンテロープのツノ。警察官に突っ込まれるネタになるので、隠した（南アフリカ）

密入国―レソト

天空の車中泊と野ざらしの夜

南アフリカの地図をよくよく見ると、小さな国がふたつ隠れている。

ひとつは、周囲三六〇度を南アフリカに囲まれているレソト。

四国の五割増しという、小さな国だ。

もうひとつは、南アフリカに囲まれているけれど、一部モザンビークに接しているエスワティニ。ボクらが訪ねたころは、スワジランドと名乗っていた。こちらは四国より小さい。

どちらも、良くも悪くも風の噂ひとつ聞かない、謎の国である。

バックパッカーなら、どんなところなんだろうかと旅魂に火がつくのだろうけれど、ボクの魂は不燃性で萌えもしない。あいにく、そんな呑気な旅ではないのだ。

道路は舗装されているだろうか？　警察に賄賂をタカられないだろうか？　右ハンドルは禁止とか言われても困るし、フロントガラスのヒビは不治の病だからほっといてくれませんか、とか、心配事で湿っぽくなるだけ。一向にときめかない。

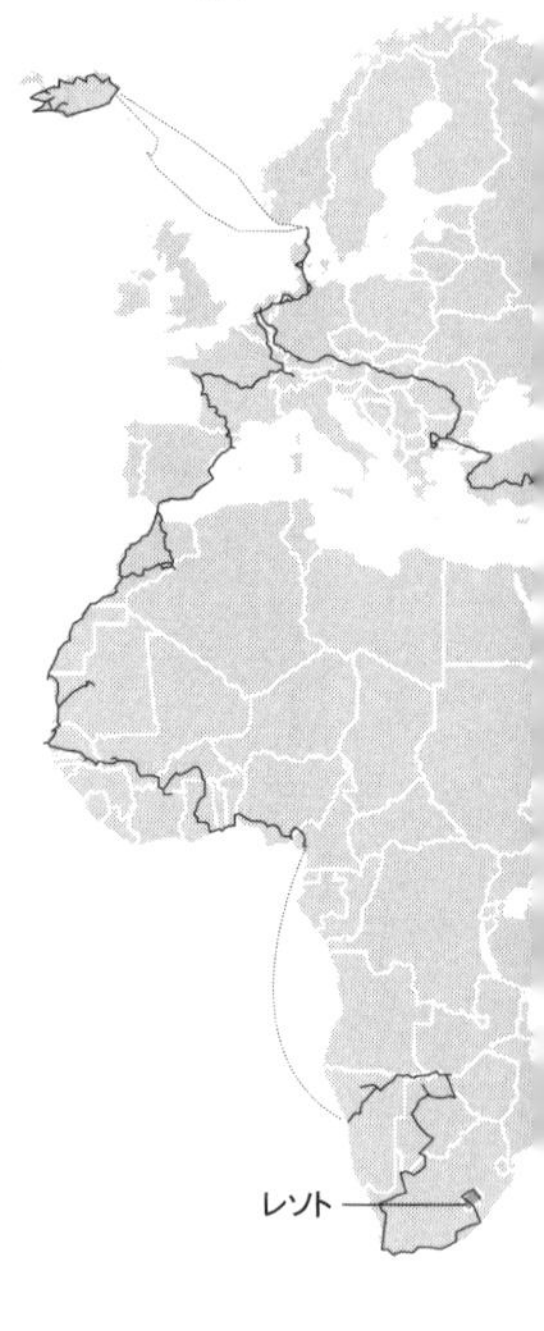

ところが行ってみれば両国とも貧しいわりにグレた感じはなく、みな穏やか。貧乏なら貧乏なりに、素材を放置したような創意工夫のないところが、潔くて美しいのである。レソトとエスワティニに行かずして、世界の車中泊は語れんだろうと思うのである。

レソトという国は、まるまるそっくりドラケンスバーグ山脈のなかにある。国全体が標高一四〇〇メートル以上の高地にあって、平地がないって話だ。平地がないところにどうやって人が住んでいるのか、何が悲しくてそんな山の上に国を作ってしまったのか。南アフリカに意地悪をされたのか。よくわからんけど、嫌がらせみたいな土と小石の坂道を、延々と三〇キロも上らされた先に国境があった。

レソトの事務所は、屋台に毛が生えたような小屋だった。

イミグレの担当者はチャラチャラした青年で、税関は小太りのおばちゃん。ふたりとも、公僕としての緊張感がまったくなかった。

「日本から来たって、それってどこさ?」

「知らんよ」

「中国にあるんだべ」

だべ! だべか? みたいな立ち話に花を咲かせるお出迎え。

稚内からレソトまで 73,024km
レソトの楽園度★☆☆☆☆
絶景度★★★★★
寒々しい度★★★★★

不埒な者をここで食い止めるとか、ご禁制の品やエロいモノを持ち込ませないとかいう使命感はミジンコもないようだ。荷物検査もロクにしない、いい加減な仕事だったから、後日、エラい目に遭わされるのである――、ボクが。

平地がないという国柄なので、道路は基本、上るか下っていた。

ときには平坦になるけれど、長くは続かない。上りはローギアで、時速一〇キロが精一杯。超亀速だけど、ほかの車は走っていないから後続車にあおられることはない。けど、小さなエンジンが唸りに唸って、壊れるんじゃないかと気が気でなかった。

下りは、勘弁してでぐれーーーって、エンジンブレーキが叫ぶ。これまた気が気でない。

森林限界を超えているのか、切りすぎてしまったのか、山にはほとんど木が生えていない。不健康そうな雑草がぼそぼそと生えているだけ。何ひとつ隠しモノができないほど見える化した産毛山脈は、いつまでもどこまでも、金太郎飴的なパノラマが広がっていた。

先進国の連中が、後発発展途上国なんて貧乏人呼ばわりするけれど、どの家も借景だけはリッチだった。

「この先で右に曲がって山奥に向かうと、絶景ロッジがあるって。庭で車中泊できるって」

国そのものが摩天楼だというのに、さらに絶景があるの？

「でもね、そうとう道が悪いみたい。車高の高い四輪駆動車でないと無理だって」

そうですか、でも、せっかくだから行けるところまで行ってみよう！

珍しく旅魂に火がついて右に曲がってみれば、すぐに悪路が始まった。

道というより、単なる岩盤だった。肌荒れした地球の角質層の凸凹は、軽自動車にはめっぽう辛い高低差。ゴルファーが芝の目を読むようにルートを探り、見誤ってはゴリゴリと腹をこすった。右に左に車がぐわんぐわんと揺れて、そろそろ限界かもねってところで、

「Don't Give up! Only 150m」

心を見透かしたような看板が立っていて、もうひと踏ん張りしたのである。

空より遠い一五〇メートルを匍匐《ほふく》前進して、神々の頂に着いたのだった。

東京ドームを潰したように盛り上がった芝生の丘に、そびえ立つ数本の木。人懐っこい犬。気持ちよか、青いお空の底だ。ロッジのオーナーが、

「どうして、こんなところに日本人が？」

「しかも、こんな車で！」

ああ、神さまって、声も出ないくらいに驚いてくれた世界の果てだった。

ボクらにしても南アフリカのなかにレソトなんて小さな国があることを知っていたかどうかも怪しいわけで。そんな謎の国の名も知れぬ山の上。しかも軽自動車はお呼びでない感にあふれた悪路。参拝できて光栄です。

天空の車中泊は、いい夢が見られそうです。

これといって何もないレソトに、ひとつだけ観光地がある。

南アフリカとの国境にあるサニ峠。アフリカ大陸で一番標高が高いカフェが人気だけど、実はそこだけ、ちょうどそこだけが南アフリカ領。なんとも底意地の悪い南アフリカの仕打ちに、レソトの立ち位置がみえて切なくなる。

その切なさよりはるかに哀愁が漂うのが、カフェから三〇〇メートルくらい離れたところの車中泊。寂しさ——、がウリだ。ボクら以外に、誰も車中泊なんかしていない。

小さな宿があり、目の前は単なる原野。末法くさい風が吹いているだけ。地面に貼り付いているのは、気が滅入りそうなどどめ色の苔。栄養のなさそうな雑草をほじくり食うヤギ。ボクらが近づいても、しっぽひとつ振ってくれない愛想のなさである。

今夜世界が終わったとしても、ここにだけお知らせが来そうにないアウェー感で。

いい夢は望みませんから、せめて、明日、悪いことが起きませんように！

といった願いを込めて寝た翌朝、カフェの店員が聞き捨てならないことを言っていた。

「レソトに入国しても、滞在日数は南アフリカとしてカウントされるのよ」

まじ？　それではボクら、あと五日で不法滞在になってしまう。

罰金は高いわよって脅されて、あわてて国境まで走った。

なんて謝れば許してくれるだろうか、知りませんでしたの一点張りでなんとかなるだろうか――、親が病気とか、車が故障したとか、いっそのこと日本語だけで勝負してみようか、と頭を悩ませながらイミグレに出頭した。

「すみません、滞在日数のルールを知りませんでした。延長してくれませんか？」

せめて一週間だけでも。このままだとオーバーステイになってしまいます。ごめんなさい、もうしません、お願いしますって頭を下げながら、パスポートを係官に渡すと、

「ってか、旦那さん、あんたのパスポートにレソトの入国スタンプがないじゃない」

またまた～、そんなことないですよ、よく探してくださいよ、とか言いながらどんだけページをめくってもレソトのスタンプがないじゃない！

ああ、国境のあのチャラい青年、おしゃべりしてて押し忘れたんだ。

オーバーステイどころか、密入国とは。

どう謝ったらいいのか、さっぱりわからない。

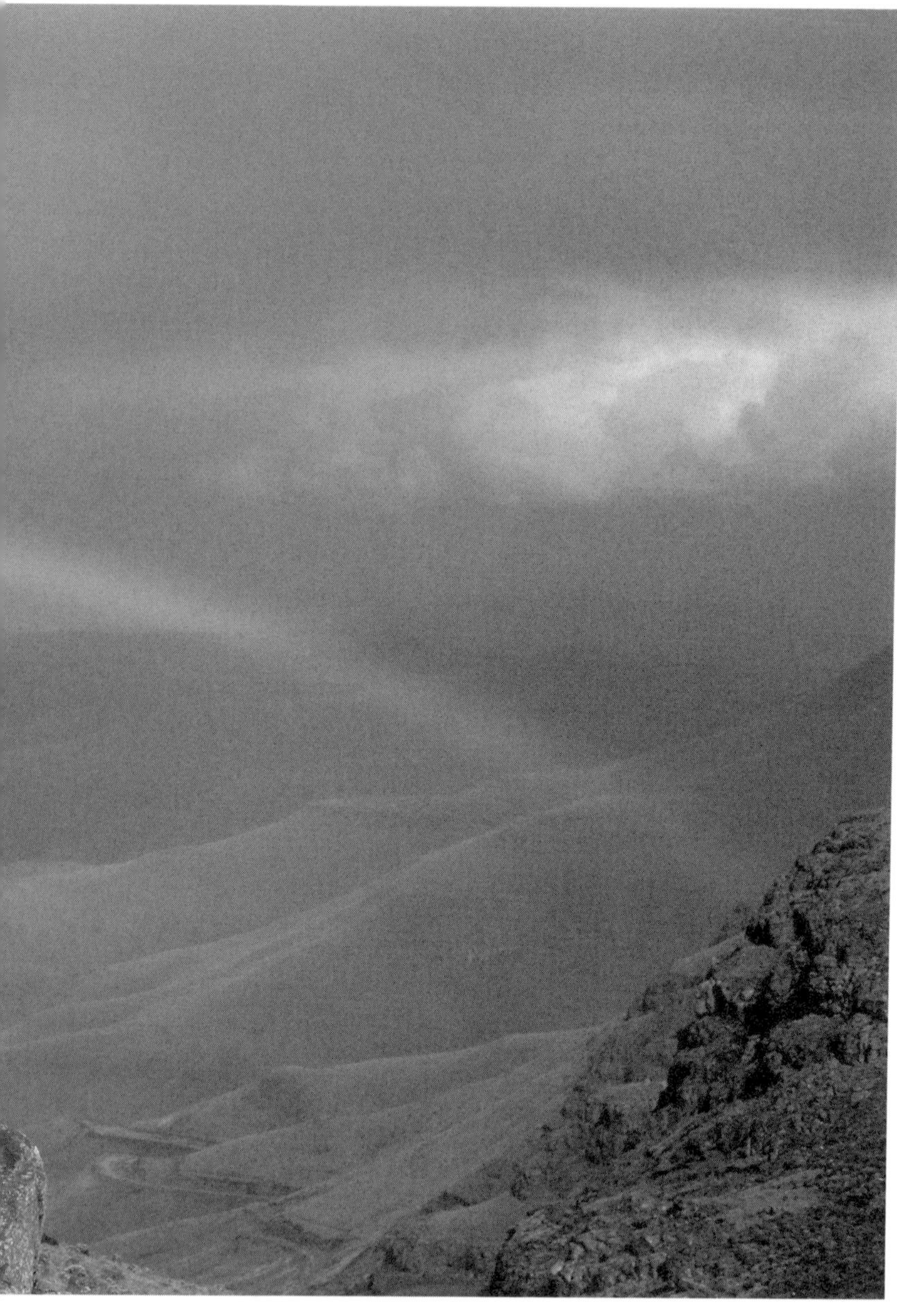

世界が終わっても、気づきそうにない（レソト）
←〈ショート動画〉天空の車中泊まで、そろりそろりと

危険なキャンプ場──エスワティニ

カバさんワニさん、頻尿が通ります

南アフリカとモザンビークに接するエスワティニ。

四国より小さいから、うかつに運転するとすぐに外国にはみ出てしまう。

一日の移動距離を五〇キロ以内に絞った。それでも、どう頑張って運転しても二時間とかからないので、そういう意味ではドライブの難しい国である。

カフェのお母さんが言うには、年に一回、その筋の人には有名なお祭りがある。

数万人もの処女がトップレスで踊って、王様がそのなかからお妃を選ぶという祭典だ。

数万人が踊るのだから、おっぱいの数はその倍。王様、たいへんな仕事を司っている。

お母さんが、

「わたしも踊ったのよ」って自慢していた。

知らない娘さんが、知らないところでどんな姿で何をしていてもなんとも思わないけれど、目の前のお母さんが人前でおっぱいを出して踊っていたと聞くと、不思議と感動マシマシだ。

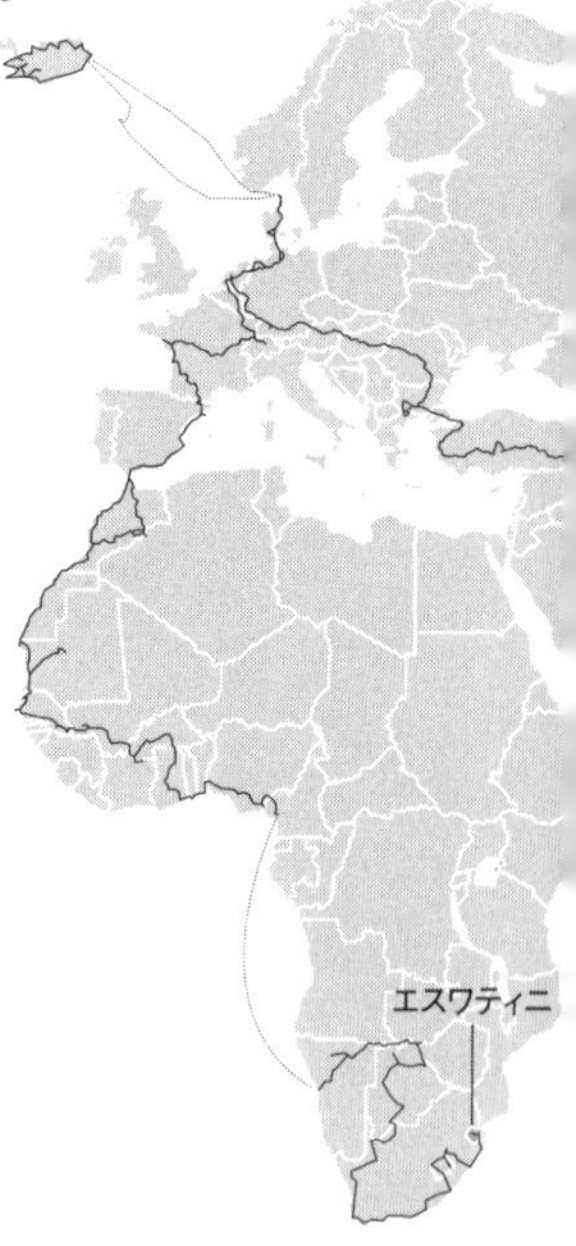

といったことをＹｕｋｏに言っても話は盛り上がらなかったので、乳の祭典とは一切関係がないヘンデリック・バン・エック湖へ向かった。

今晩は、湖畔に泊まる。

ピクニックによさそうな、のどかな風景だ。

が、騙されてはいけない。世界一危険なキャンプ場なのである。管理人のおじさんが、

「ワニとカバに気をつけてね」

と言って去って行ったけど、それが非常に難しいのだ。

どうやって気をつければいいのか――。

これまで車中泊したワニやカバのいるキャンプ場は、高い土手や茂った薮があった。要所にはフェンスがあった。自然のなかにも最低限の安全対策があった。

ところがここは、水際と芝生がフラットにつながっている。

フェンスどころか木以外に障害物がなく、芝生はサッカー場のように広い。

もしワニに追いかけられたら、トイレに逃げるしかないんだけど、それが遠くて五〇メートル以上ある。

ワニは時速四〇～五〇キロで走るというから、四秒でかじられる。

じゃあ、カバなら逃げ切れるかというと、カバも時速五〇キロだって。四秒で踏まれ

稚内からエスワティニまで 76,843km
エスワティニの楽園度★★☆☆☆
キャンプ場の快適度★★★★☆
車中泊度★★★★☆

る。

役に立たない情報だけど、人間を殺す動物ランキングの一位はワニで、二位はカバだ。

ツートップが揃っているのに、安全対策は、

「ワニとカバに注意！」

看板だけ。

王様の仕事、乳よりこっちじゃないですか？


日が暮れると、カバの鳴き声が聞こえてきた。

ぶひぶほぼほ、ぼひひぼ。

瞬間、ボクら以外の唯一の旅人はテントを畳んで、便所のなかに引っ越した。

機を見るに便、というか、臭いけど安全だ。

わが家もトイレのすぐ前に引っ越せばいいのだけど、すでに車中泊のベッドを組み立てている。引っ越すとなると、ベッドを畳んで、窓の覆いを取り外したり、運転席を立てたり、荷物を移動したり、作業が多いものだから面倒臭い。

面倒臭いことは死んでもしたくないから、水際で頑張ることにしよう。

勝負ポイントは、トイレに行くときだ。

尿意をもよおしたら、まず、車のドアをそーっと開ける。

あたりを見渡して安全を確かめ（とはいっても暗くてよく見えない）、こそーっと出る。

このとき、むにゅっと何かを踏んづけたら、たぶん、ワニだ。

背中に視線を感じたら、おそらくカバだ。

怖くても走ってはいけない。

足音を立てないように、静かに闇を歩く。

トイレにたどり着く前にちびりそうだけど、ちびってはトイレに行く意味がない。

頑張れ、おっさん。

ちなみに、寝る前にたっぷり小便しとけよ、というご意見は現場を知らない素人。

ボクは、頻尿自慢なのである。

たぶん、朝までに二回は行く（Ｙｕｋｏは朝まで溜めが利く）。

カバの鳴く夜は恐ろしい。

BEWARE OF
HIPPO'S
CAPHELA TIMNVUBU

怖い怖いと言いながら、つい水際に車を駐めてしまう（エスワティニ）
←〈ショート動画〉のんびり走ろう田舎道

消えるお金――インドネシア／モザンビーク

両替屋の閉店セールに気をつけて！

海外では、頼みもしないのに
高度な〝技〟を見せつけられることがある。
〝見せつけられる〟とは言っても、目にもとまらぬイリュージョンだから、何が起こったのかさっぱりわからないけれど。
両替屋の話である。

初めて技を〝見せつけられた〟のは、二〇一二年のインドネシア、バリ島。

散歩をしていたらＹｕｋｏが、

「あの両替屋だけレートがいい。一割以上お得かも」

看板に手書きされたレートによると、ほかのお店より一五％くらい儲かる。ってことは、怪しい。利益に比例して臭い。ぷんぷんと臭う。

「詐欺かなあ」

両替屋に大安売りとか閉店セールはないからね、なんかあるんだろうね。偽札とか、手品みたいにお金を抜かれるとか。

「危ないよね、やめといたほうがいいよね」

だね。

「でも〜、私が両替屋さんの相手をして、Ｙｏｓｈｉ（ボクのことです）が先方の手の動きを見張っていたらどうかな？」

「もし手品系だったら見破れるんじゃない？」

確かに。ずーっと手から目を離さなかったら、トリックを見破れるかも。ボクの鋭い視線は抑止力にもなるだろうし。

という作戦を立てて、両替屋さんのドアをくぐったのだった。

「ハロー、両替えをお願いしますー」

お店にはお土産が並んでいるので、本業はおみやげ屋さんのようだ。

アロハシャツのお兄さんが出てきて、どうぞこちらへと奥の間に通された。

ボクはＹｕｋｏから数歩遅れて、薄暗い店内を鋭くスキャンしながらついてゆく。どこにも怪しいところはない。犯罪の匂いはしない。

通された部屋では、担当者と思しき中年男性がカウンターテーブルの向こう側に立って

稚内からモザンビークまで 77,012km
モザンビークの楽園度★★★★☆
シーフー度★★★★★
警察の賄賂度★★☆☆☆

いた。顔は普通のインドネシア人。厳つくもないし、優しそうにも見えない。笑顔ではないけれど、決して無愛想でもない。あえて言えば、印象が薄いところが怪しいから、気を引き締めて見張ろう。

「日本円で二万円なんですけど、両替えしてもらえますか？」

「はい、かしこまりました」

おじさんがカバンから札束を取り出して数えた。

ボクはＹｕｋｏの三歩くらい斜め後ろから、ゴルゴ13のように鋭い眼差しで凝視する。一挙手一投足を見逃さないように、十本の指からも目を離さない。

「二五四万ルピアです。お確かめください」

と言って、Ｙｕｋｏに札束を手渡した。

少しも怪しい動きはない。

Ｙｕｋｏがお札を数え終わり、念のためにボクも数えた。

偽札は混ざっていない、お札の枚数もあっている。問題はない。大丈夫だ。

Ｙｕｋｏが二万円を払って、商談はあっさりと終わった。

外に出ると、日差しが眩しかった。

儲かった♪　儲かった♪　と喜び勇んで宿に帰り、幸せそうにお札の感触を味わってい

たＹｕｋｏが、

「あ゛――――っ！」と叫んだ。

「お札が十二枚も足りない！」

日本円にして五〇〇〇円ほど足りないのだった。

Ｙｕｋｏの悲鳴を聞きつけた宿のスタッフが来て、顛末を説明すると、

「カウンターみたいなテーブルなかった？」

あった、カウンターテーブルがあった。

「それだ！　テーブルの上に細い隙間があって、お札が落ちるようになってるんだよね」

そういえば両替屋のオヤジ、最後にＹｕｋｏからお札を受け取って、トントントンと整えてから輪ゴムで巻いていた。

あれかっ！

あれだったのか！

「今からお店に戻っても無駄だよ。犯行のあとはしばらく休むから」

という言葉どおり、お店はシャッターが閉まっていた。閉店セールだったのである。

あれから五年。

ボクらはアフリカの東海岸モザンビークに来ている。

国境事務所で入国の手続きを終えたので、両替えをしなくてはならない。

通りに出て、どこかに両替屋はないかと見渡すと、

「両替え、いかがっすかー？」と声をかけられた。

三十代後半の太った男だ。ポロシャツをムッチムチに着こなしている。

顔は、たとえるなら、今すぐにでも押し込み強盗をしそうなワイルドさで、決して知能犯には見えない。直情型。札束を握った左手を見ると、指が太くて短い。器用そうにはみえない。たぶん、鼻の穴も上手にほじれないんではなかろうか。マジシャンではないだろう。

路上だからカウンターテーブルはないし、バリ島の二の舞を踏むことはないだろう。

とはいえあのときの作戦を思い出し、Ｙｕｋｏがお客さん役。ボクは三歩下がって見張り役で臨んだ。ボクの鋭い目は、どんなに小さなことでも見逃しませんよ。さあ、来い！

「一万八〇〇〇南アフリカランドを両替えできますか？」

「了解です」と返事をした彼は、ぱらららら～とお札を数えた。

指が太いわりに案外お上手。侮れないかもしれない。ボクの目はより一層、鋭くなる。

二〇〇メティカル札を五二枚、Ｙｕｋｏに渡した。

それをゆっくり丁寧に数えたＹｕｋｏが、

「あれ、一枚足りない」

どれどれ、とボクも数える。確かに一枚足りない。偽札は混ざっていなかった。

「一枚足りませんか？　変だなあ」と数え直した両替屋が、

「ごめんなさい、数え間違ったようです」

ぺこりと謝って、お札を一枚足した。

両替屋のクセにお札を数え間違えるとは怪しいが、動作に不審な点はなかった。

取引は無事に終わった。ありがとう。君ってほら、人相が良くないものだから疑っていたけれど、許してくださいね。ではまた、ご機嫌よう。

別れて、車で北上した。幸せそうな顔で札束を数えていたＹｕｋｏが、

「あ゛――――っ！」と叫んだ。

お札が十六枚も足りない！

日本円にして、七〇〇〇円分が消えていたのだ。

ボクの鋭い視線は、単なる細い目なのだった。

実は眼力においては、モザンビークの警察官が一流だ。

こんなことがあった。田舎道の検問で、小柄の痩せたおまわりさんが、「荷物を全部、車から出せ！」とボクらに命じた。

えっ、ぜ、ぜんぶ？

「そうだ、全部だ」

はっはあ、嫌がらせをして、忙しいのでこれで勘弁してくださいって賄賂をせしめる魂胆ですね。

了解です。ボクらは暇にかけてはプロですから、覚悟はいいですか。

素直に言うことを聞く——、という服従戦法で抵抗しましょう。

何を言われても、喜んで！

カバン、段ボール、プラスティックボックス等々を車から降ろして、路肩に並べた。

荷物をしばらく眺めていた警察官が、カバンを指差して、開けろ！と言った。

喜んで！

カバンを開けて、中から服の入った袋、下着の入った袋（Ｙｏｓｈｉ用）、下着の入った袋（Ｙｕｋｏ用）、その他もろもろを取り出した。

「これを開けろ！」

ボクの下着袋だ。喜んで！

なかから、パンツ（四枚しかない。でも不思議と一〇日ほどもつ）、靴下（三足しかない。二週間は余裕）、タイツ（一足しかない。冬場はひと月間穿き続ける）を取り出す。

しばらくパンツとか靴下とかを眺めていた貧相なおまわりさんが、

「これを開けろ！」握りこぶしくらいの丸まった靴下を指差した。

ああ、よりによってそれですか！

どうしてそれですか？

パンツじゃダメですか？

それだけは喜べないのです。

靴下のなかから出てきたのは丸めた米ドルの束だった。

わが家の隠し財産である。日本円にして数十万円。

モザンビークの平均年収の数年分。

ボクの脳みそが総力を結集して、知恵袋を絞りに絞って、絶対にここなら安全、誰にもみつからないだろうと太鼓判を押して隠したお金。それを一発で見破ったのである。

敵ながらあっぱれっていうかなんていうか、ボクの総力は役に立たないのだ。

見逃してくだされ〜とビビっていたら、想像もしていなかった大金を目にしたおまわりさんのほうが、強盗に遭ったかのように怯えていた。

マラウイへ向かう道。猛獣はいなそうだけど、国境があるようにも見えない（モザンビーク）
←〈ショート動画〉道が凸凹すぎてちゃんと走れない

完全犯罪―マラウイ

猛獣に食われるか、強盗に埋められるか

「その車じゃ無理だって、絶対に無理！」

普通の車だって走れないんだからって、ガソリンスタンドの青年が笑う。

「道が悪すぎる」

こんなデカい石がごろごろ転がってんだよって、警察官が両手を広げる。

「あんたの車、壊れちゃうよ。悪いこと言わないから、乗り合いバスに乗りなよ」

バス乗り場はこの道をまっすぐだからって、キャンプ場のオーナーまで。

誰もかれもが、Ｃｈｉｎ号では絶対に行けないと断言するのは、マラウイの秘境カフェ「ルクエ」。チチンバ村の裏山の上にある。

そうとう急な坂道らしい。

道幅が狭くて、ガードレールがなくて、つづら折りで、岩石がゴロゴロ転がっているって。

でも、バスが通るんですよね？　マラウイのバスといえば、オリジナルがなんだったか思い出せないくらいにオンボロじゃないですか。昭和の骨董品じゃないですか。排気ガスが真っ黒じゃないですか。うちのＣｈｉｎ号はこう見えて、日本から八万キロも走ってきた小さな巨人なんです。ジョージアでは、自称「死のロード（崖道を辿ってロシアに侵入せよ！）」を三度も攻めたことがあるし（全部、途中で撤退したけど）、ナイジェリアでは地獄のジャングル洪水をくぐり抜けてきた猛者《もさ》です。いくつもの池を泳いだんです。

可愛い顔して、やるときゃやるんですから！

とは言えずに、反対意見に反比例して意気消沈した素直な性格だった。

わかりました、乗り合いバスのお世話になります。

二分後に出発だ！　と大見得を切ったバスは、たっぷり一時間も待たせてくれて出発した。午前十一時になっていた。

「このくらい頑丈な車じゃないと上れないんだよ、この山は！」

ぐわっはっはっはっと歯の抜けた運転手が自慢する、ピックアップトラック。

確かに自慢するだけあって見た目はオンボロだけど、ガッツがあった。

ボウリングの玉くらいの岩がごろごろした急な坂道をものともせず、ブレーキが壊れた

稚内からマラウイまで 77,212km
マラウイの楽園度★★★☆☆
飯美味い度★★★★☆
車中泊度★★★★☆

かのように突進した。岩に乗り上げては一瞬宙に浮かび、お尻を右に左に振りながらヘアピンカーブを曲がり、石を蹴散らし、ときには跳ね返されて崖の際まで追い込まれるが、それでもアクセル全開だ。

「これが俺の生き様だ！」と叫ぶエンジン。

地面から突き上げるような衝撃を食らってもひるまない、攻めの歯抜けドライバー。衝撃がさらなる衝撃を呼び、飛び跳ねる乗客、泣き叫ぶ阿鼻叫喚が聞こえないのか、さらなるワープ走行で突破しようとした矢先、喉に詰まった痰を一気に吐き出すような濁音が炸裂。突然、こと切れた。

「ちっ！」

舌打ちしながら車の下に潜りこんだドライバーが、やがて出てきて肩に担いだのは……、ドライブシャフトってやつじゃないの、それ？

それを外したら、タイヤが回らないんじゃないの？

ドライブシャフトを道路にほっぽって、ひと仕事を終えたような顔をしてタバコを吸い始めた歯抜けだった。

十一時半、バスはお亡くなりになったのである。

炎天下の山のなか、ボクら乗客八人は水も希望もご挨拶もなく放置された。

みな、木陰を求めて散らばり、崖の際のわずかな雑草の上に横たわり、惚けている。誰も文句を言わないということは、よくあるってことですね？

これぞアフリカ、文句あっか！　って感じの重量級の灼熱が頭をごりごりと焼く。今日は死んだばあちゃんに会えるかもと懐かしんでいたころ、次のバスがやってきた。二時間半も経っていた。その間、一台の車も通らない辺境なのだ。

午後二時。

バスはすでに満員御礼だった。

アリの這い出る隙もないくらい人が乗っていたけれど、そこは空気を読まずに、すみませんねーっと乗り込む。

「満員だって！」「乗れないってっ！」「ばがやろ、降りろっ！」

バスの運転手がわめいていたけれど、こっちも命がかかっているわけで、アリの這い出る隙間に足の先からお邪魔すれば、不思議となんとか収まるのである。

散々怒鳴り散らした運転手だけど、すぐに諦めるあたりがマラウイ人の良いところ。運転手は全員がポジションに着いたのを確認して、エンジンをかけたかというと、かけなかった。

スターターは壊れているらしく、押しがけするのだ。

押しがけは別にかまわない、アフリカではよくあることだから。でもここは坂道なので、下りを利用する。押さない押しがけ。下りがけ。崖があるので、〝命崖〟だ。つづら折りの急な坂道を後ろ向きで下がりながら、岩石をひょいひょいっと避けて、ヘアピンカーブを右に左に曲がるという曲芸の先で、エンジンがかかるはず……。

なんだけどなかなかかからなくて、喉に絡んだ痰を絞り出すようなじいさんの咀嚼音「ゲゥェゲッゴゲッグォッボ、ボンボボボ」と聞こえたときは、崖っぷちぎりぎりだった。

乗客全員が拍手をして、ガッツポーズをした。そして握手、握手、握手。座ったままのスタンディングオベーション。エンジンがかかっただけで、世界をひとつにするくらいの力があるバスは、それ以上にお茶目な機能を備えていた。

ここ一番っていう急勾配になると、上れないのである。どんだけアクセルを踏んでも。石炭を燃やしているのかな? ってくらい黒くてたくましい排気ガスが出ているので、想定内のパワー不足なんだけど。

「はい、全員、降りて!」「男は車を押して!」

男は車を押して、老人と女性は山道を登る。ボクは車を押そうとしたのに、登らされた。

以降、命崖↓走行↓ストップ↓全員下車↓バスを押す、の繰り返し。

バスに乗っているのか、バスを運んでいるのかわからないではないか。

で、このバスにはさらなるチャームポイントがあった。

ブレーキが効かない。

勾配がキツすぎて、踏ん張れないのだ。停車をするとき、あるいはエンストしたときは、乗客の少年がすばやくタイヤの後ろに石を置くという、絶妙な岩石ブレーキだった。ときどき少年の石が間に合わず、崖っぷちに追い込まれる絶叫マシンでもある。

だから少年よ、お願いだからおしゃべりしてないで、真面目に働いて！

そんなレベルの高いアトラクションを繰り返しながら、一度も崖下に転がることはなく、絶景カフェにたどり着いたのである。

すでに午後四時をまわっていた。

景色を楽しむ時間はない。

けどお腹が空いたし喉が渇いたので、大至急、お茶とサンドイッチ二人前！

オーダーしたら、まあ遅いこと遅いこと。食べ終わったら、もう五時だった。

「終バスは行っちゃったって」

げっ、バスないの？　ってことは歩いて帰るの？

まじかよー、歩いて下りるのかあ、まいったなあ、日没までに村に戻れるだろうか？

そこにひょんと現れたのが、高校生くらいの少年少女。

「近道を知ってるよ。三〇〇円くれたら案内するよ」

首都リロングウェのチキン定食超山盛りで一五〇円しないから、困っている人の足元を見切った強気の値段設定だ。若くして商売人である。けど、なんとしてでも日が暮れる前に村に戻りたいので、言い値で払った。

村までお願いします。

「了解！　つづら折りをショートカットすると、村まですぐだから」

男の子はTシャツ、ジーンズにサンダル。女の子はTシャツに長めのスカート、裸足だった。サンダルが買えないほど、貧しいみたい。

「どっから来たの？」「日本」「トーキョー？」「東京」「子どもは？」「いない」

英会話を教わりながら、半分崖みたいな急な斜面をずりずりと下りた。女の子は裸足なのに。痛くないのかな？　村に着いたらサンダルをプレゼントしようかな、なんてことを考えていたら、

「もう少しお金をくれない？」

「いやだよ、さっき払ったじゃん」

「ケチっ！　じゃ、さよーなら」

逃げてしまったのだから、驚いた。

え、嘘でしょう、もう少し交渉しましょうよ。と思ったときには彼らの姿は見えなくなっていた。サンダルの予算を使えばよかった。

マラウイ人の悪いところは、諦めが早いことなのである。

でも、これで腹を括った。

どうせ、下るだけの一本道だ。迷うことはない。大丈夫、心配には及ばない、大丈夫、なんとかなる、大丈夫、ボクも男だ、玉付きだ。

愛するＹｕｋｏを守れるのはボクだけだ。

たとえこの身がアフリカの大地に潰えようとも、Ｙｕｋｏを守る。ファイトッ！　一発！　とカラ元気がみなぎっていたのは陽が沈む前で、あっさりと日が暮れた。

山の中に街灯はひとつもない。民家らしき建物もない。

車が通れる幅の岩石道路があるだけ。全身全霊で気が滅入り、もはや、どんだけ運が良くても下界に戻れる気がしなかった。

ああ、なんてこった、暗黒大陸の夜は墨より黒い。もうダメかも。

スマホで足もとを照らしながら歩く。

この灯りが、邪悪なモノを引き寄せるような気がしてならない。

「真っ暗だねぇ」呑気なＹｕｋｏだ。

どんだけ愛していても危機感を共有できないことくらいイラっとくるものはないわけだ。

で、
わかってんの、状況を？

アフリカですよ！

山の中ですよ！

真っ暗闇なんですよ！

猛獣とか出ますよ。

強盗とかいても不思議じゃないんですよ。

っていうか、アフリカだから襲われてナンボです。

その辺に埋められたら、完全犯罪じゃないですか！

「あ、見て、ほら、星がきれい〜」

ああ、もうっ、無性に穴を掘りたい。

アフリカのキャンプ場は、なぜかいつも人がいない（マラウイ）
←〈ショート動画〉獣道より立派だけど、国道には見えない

無罪放免―タンザニア

動かぬ証拠を作ってませんか？

「ありませんでした」

倉庫の奥の奥まで探したんですけど、お役に立てなくてごめんなさいね、って言いながらもニヤけているオヤジは、車専用のガラス屋の店員。真心だけはございませんって顔だから、どうも信用ならん。

スズキのエブリイで探してくれた？　マツダじゃなくて？

「ええ、ええ、それはもうおっしゃる通りに」

そうですか、それならしょうがない、お手数をおかけしました、と引き下がるのがこれまでのボクらだけど、今回は違う。引き下がらない。

だって、うちの軽自動車の双子の片割れみたいなのが走っているんだから、ここタンザニアに。見たんだから、何台も。ここダルエスサラーム市で。

ということは、軽自動車を輸入している業者がいるってことで。

ということは、パーツがあるってことで。

ということは、オヤジさんの探し方が悪いってことで。

もっと真剣に探してよ！　見つかるまで戻ってこないでよ！　って活を入れたいけれど、そんなコトを言うとムクれるだろうから、ここはひとつ下手に出よう。ボクは下手が上手なのだ。オヤジさん、（暇そうに見えるけど）お忙しいところ申し訳ない、もう一度だけ探してくれませんか？　フロントガラスがないと、日本に帰れないのです。さっきも言ったけど、うちの車はマツダだけど、これはＯＥＭってやつでね、作ったのはスズキ。同じデザインの車はエブリイという名前ね。で、さっきも言ったけど、タンザニアで何台もエブリイを見ているの。だからあると思うんだよね、ここに。このお店、町一番の大手だから。

もう一度だけお願い、探して。マツダじゃなくて、スーズーキ。スーズーキのエーブーリイ。覚えた？

「よくわからんけど、スズキを探すのか？」

まるで初めて聞いたかのような顔をしてくれたから、これはもしかして脈があるかも。オヤジさん、誰かに電話をしながら倉庫に入っていった。一〇分と経たずに、「これだろ？」って、ガラスを抱えてきたのだった。嬉しそうな顔しながら。

やっぱりあるんじゃゃん、っていうか、やっぱりさっきは、マツダで探してたんだ。ほん

稚内からタンザニアまで 78,212km
タンザニアの楽園度★★★☆☆
警察の賄賂度★★★★☆
飯美味い度★★★★☆

と、あんたって人は。見かけ通りに仕事ができない。でも、ま、いいや、ありがとう。

おかげで、これからは検問に怯えずに済みます。

さてさてだ、フロントガラスが手に入ったってことは、パーツもあるってことだ。

この際、怪しいところはここで修理しておこう。

さっそく、以前から気になっていた前輪のブレーキパッドを交換した。

次に、まったく気にしていなかった、というか、その存在すら知らなかったリアショックダンパーなるものも取り替えた。メカニックが、

「これ、死んでるよ」って教えてくれたので。

どおりで最近、凸凹道での感度がびよんびよんにヨカッタわけだ。


目の上の鼻くそみたいにウザかったフロントガラスのヒビがなくなってみると、急に世界がビビットになった。リアなんちゃらも取り替えて足取りも軽くなった。

バオバブの林が、両手を広げて祝福してくれた。

道路を占拠して、チンピラみたいにガンを飛ばしてくるヒヒも可愛く見えてきた。

思うに、タンザニアはアフリカで一番いいところかもしれない。

アフリカを旅行したいという人がいたら、ぜひともタンザニアをオススメしたい。

せっかくだから、軽自動車でドライブしてはどうだろう。

なにもボクらみたいに稚内から走ってくることはない。三年もかかるから夏休みがいくつあっても足りない。飛行機でぴゅーと飛んできて、ダルエスサラームで買えばいい。

車両保険はCOMESAなるものがあって、近隣十三か国で使える。三か月間有効で一万円もしないから、気軽に外国へ遠征しよう。動物王国のケニアとか、ゴリラに会えるウガンダとか。コンゴ民主共和国あたりだと、命がけで地獄めぐりもできそうだ。

キャンプ場もたくさんある。Wi-Fiはサクサクだし。中華食堂があるから麻婆豆腐や麺類も食べられる。アフリカでは珍しいことに、もやしも買える。

注意点はひとつだけ。星が綺麗だからといって外で寝ないこと。

ハイエナにかじられるって。ハイエナは口のなかが汚くてカラダが腐るって話だ。

アフリカで車を運転するのは怖いという人にも、タンザニアはオススメできる。警察が要所要所で待ち伏せしているので、どの車も暴走する暇がなくて安全運転。とくに、スピード違反の取り締まりが厳しい。

わが家の経験では世界一ハイテクなのだ。警察官に呼び止められて、

「運転手さん、これ見てくれる？」スマホを見せられた。

画面にはChin号の後ろ姿。中央に大きく数字がある。「62」とあった。

「制限速度は五〇キロなので十二キロオーバーです。罰金を払ってください」

どこかで隠し撮りをして、データを送信しているのだ。

スマホを使ったネズミ捕りとは、日本のデジタル庁よりスーパー賢い！

って感心している場合じゃない。あのですね、おまわりさん、チョットオカシイアルヨ。

だってボクは、制限速度を守っていたのです。あまりにもおまわりさんが多いから。

何かの間違いじゃないですかね？

「そんなことを言っても運転手さん、ここにこうして証拠があるわけですから」

それはわかるんだけど納得いかないんですよね、みたいな話し合いをすると十分とかからずに無罪放免となる。

不思議だ、どうして釈放するのだろう、動かぬ証拠を持っているのに。

その後もちょくちょく隠し撮りをされて捕まったけれど、結局、一度も反則切符を切ってくれなかったのである。よほど旅人に優しいか、証拠を捏造して賄賂をもらおうとしているかのどっちかとみた。

そういう賄賂系は苦手で——、という人にもタンザニアをオススメしたい。

無料で、体験学習ができる。

赤い三角表示板の不携帯とか（↑持ってマス！）、消火器不携帯とか（↑持ってない）、白線を跨いだとか（↑みんな跨いでますけど）、横断歩道の手前で一時停止しなかったとか（↑歩行者いないのに？）、路駐のしかたが悪いとか（↑大きなお世話）、毎日のように捕まえていただいた。

けど、心配ご無用。優しいから、おまわりさん。

逆らわないで、はいはいそうですね、おっしゃる通りでございますと話を聞いて、向こうが話し疲れたあとで、ゆっくりと質問とかし始めるといい。

すぐに釈放してくれる。

地元の人はサクッとお金を握らせているから、交渉するのが苦手みたいで。

でも、ひとつだけ勘弁してほしいことがあって。

話をしている最中、おまわりさん、ずーっと手を握るのはやめてほしい。

好きじゃないんですよ、男の人の汗ばんだ手。

Ｙｕｋｏがニヤニヤ見ているし。

This is 660cc!
3243

SIMカード屋さんを探してるんだけど、ありそうにない（タンザニア）
←〈ショート動画〉泥だらけ

金貸し――ルワンダ

頼まれてないのに、六〇万円も貸した

海外での禁止事項は、ふたつある。
一、知らない人についていかないこと（意外と難しい）
一、お金を貸さないこと（これは簡単！）
どんなに愛しあっていても、どんなに深い友情があるにせよ、どんなにごっつい儲け話を持ってくるビジネスパートナーでも、どんなに困って見えても――、だ。

金だけは、貸したらあかん。

絶対に、泣きをみる。

という前書きを読んでいただいたあとに、次の文章で申し訳ない。

お金を貸してしまいました。

よりによって……、と言ったら怒られるかもしれないけれど、アフリカの人に。

よりによって……、世界の貧しい国ランキングで一八位だったルワンダ人に。

決して彼女ではありません、男だし。

親友でもないです、名前も知らなかったし。

絶対に儲かるから！　と、お得な丸秘情報を教えてくれるビジネスパートナーでもないです。ルワンダの首都キガリで泊まっている民泊のご子息です、正確には甥っ子。

民泊といっても豪邸ではなくて、小さな家のひと部屋を貸しているだけ。その部屋にしても、人に貸せる体裁にするのに「働く→わずかな貯金→貯金のぶんだけ工事」を繰り返して四年もかかったって。たったひと部屋に。それくらい普通に貧しいご家庭。

ご子息との付き合いは、チェックイン時に部屋の説明を聞いただけだから、ほぼ他人。

そんな人に、お金を貸してしまったのです。

ルワンダ人の平均年収の二年半もの大金を。ぶっちゃけ、六〇万円以上ものお金を。で、次のところが非常に大事なので耳の穴をよくよくかっぽじって読んでほしいのだけど、彼は、一度もお金を貸してくれとは言っていないのに。

お金に困っていない人に、貸したのである。ある日ボクが、

「この家に、ゴミ捨て場みたいになっている部屋があるよね」

「綺麗に改装したら、民泊として貸せるんじゃない？」

「お金がないなら、貸すよ」

「月々の売り上げから、返してくれればいいから」

稚内からルワンダまで 81,212km
ルワンダの楽園度★★★★☆
絶景度★★★★★
家をセルフビル度★★★★★

勝手に事業計画を立てて、提案したのである。

一度、古民家再生とか、日曜大工とか、民泊経営みたいなことをしてみたかったもので。ここなら、リーズナブルにお試し体験ができるかと思って。

将来、海外移住するときの参考にしたくて主催した、自分だけのスタディツアーとして。

「ボクはYoshiと言います。君のお名前は？」

ベダくんって言うの、どうぞよろしく！

寝耳にミミズを食らったように驚いた、ベダくん。

「なんなんですか、いきなり。とても怖いです、ワタシコワイデス」

「お金なんか借りたくありません」

「どうしてもお金を貸したかったら、きちんとした借用書を作ってください」

「第三者を立てて正式に契約しないと、お金は借りません」

話はそれからですって。アフリカの人とは思えないくらいに、頭がカタいのである。

しかたがないから借用書を書いたけれど、ボクの自慢といえばフィリピンの英語学校に四回も通った、ガンとして伸びない英語力。二日もかけて作った借用書をベダくんに見せたら、

「ここの文章、意味不明です」

「動詞がないです」

「こんな単語ありますか？」

「そもそもこの文章みたいに、銀行からこんな大金を一度におろせますか？」

みたいなことを言って、突き返したでご猿。

失礼な、君は銀行口座を持っていないどころか定職にも就いたことがないというフリーターではないか。新宿のビジネス最前線で日夜揉まれていたボクにむかって、信じられない！

すぐに書き直します。

その後、何度もなんども書き直したけれど、その都度ダメ出しされて。いるんですね、そんなしつこい人が、アフリカに。よりによって、目の前に。

結局、面倒くさくなって、まあまあ、そろそろ工事にかからなきゃ、これはあとで書き直すから、とか言葉巧みに借用書をほったらかしてお金を渡した闇金ぶりなのだった。

ちなみに、工事にかかる費用一覧とスケジュールは、頼んだ翌日には持ってきたので、そうとう仕事のできるベダくんは御年三一歳、独身。中肉中背、名実ともに醤油顔。ご両親は虐殺で亡くしているので、孤児。日曜大工が得意。花嫁募集中……、だと思う。

古民家再生というか、ゴミ捨て場的廃墟の復興工事は、順調に遅れた。

「だってアフリカだから」という理由ではなくて、現場監督のベダくんが仕上がりに厳しくて。ボクや左官の棟梁が、

「おおむね、おっーけーでーす」とゴーサインを出しても、

「ちょっと曲がってますね」と言って、やり直すことたびたび。壁、何度も壊した。

おかげで、一か月半だったスケジュールは三か月になろうとしていた。

ボクらは一度ウガンダへ出てビザをクリアにし、下駄箱、スタンドライト、額縁等々、傍で日曜大工を楽しんでいたけれど、もういい加減、お暇《いとま》しないとならない。

部屋の完成を目前にして、

「あとはまかせた！」とルワンダを去ったのである。

つまり、返済は彼の良心にかかっているのだ。

人の良心ほど腹の足しにならないものはないと、自分という人間を通して誰よりも知っているボクだというのに。しかも英作文するのが面倒くさくて、催促メールもしない完全放置プレイ。ある時払いの催促一切なしの大盤振る舞いになってしまった。

「そんなお金、戻ってくるわけないじゃん」

バカなの？　って一〇〇人中一〇〇〇人が一〇〇〇〇％断言する案件。ボクもそう思う。

ところが、奇跡がミラクりました。

毎月毎月、ルワンダの平均月収の倍以上のお金が振り込まれてくるのだ。

毎月ですよ！

倍以上ですよ！

催促してないんですよ！

そして、一年とかからずに完済されたのである。

ベダくん、君、スゴすぎるよ。

ね、お金を貸すと、なんか、泣けてくるでしょう。

涙を拭きながら思うんだけど、Ｙｕｋｏ、ルワンダに移住するというのもアリだよね。

ベダくんにお嫁さんを紹介して、さりげなく子育てに参加して、一緒に起業して、家具とか土産物を作って売る、という未来予想図だ。

彼は律儀だから、老後の面倒をみてくれるだろう。

楽園候補地に、ルワンダを入れておこう。

ベダくんの家の庭。生ゴミを捨てると鶏が集まってくる（ルワンダ）
←〈ショート動画〉首都でこの道です

交通事故──ウガンダ

顔面血だらけのYuko壊れる

瞬間はわからなかった。
目が覚めたら、気絶していたのだ。
額が助手席の背にひっついていて、
運転席が白い煙で覆われるのを見て、
爆発すると思って逃げようとした。

目が覚めたら、気絶していた。
ドアの隙間に顔が挟まっていた。
カラダを動かすことができない。
アシッテ、ドウヤッテ、ウゴカスノカ。

目が覚めたら、目の前に茶色い土。

土に触れる頬が冷たくて。

頭は雑草に埋もれて、腰より下は車に残されていた。

這い出て振り返る。二台の車が鼻を突きつけている。

クラクションが鳴り響いていた。

事故？

落ち着いて落ち着いて。えーと、まず、ここはどこだ？

ウガンダだ。何をしてたんだっけ？　首都カンパラの郊外で飲んで……、ちょっと飲みすぎて……、夜中の二時半ごろタクシーに乗った。それから？

そういえば、Ｙｕｋｏはどこにいるんだろう？


ふらふらしながら立ち上がり後部座席を覗くと、Ｙｕｋｏは仰向けに寝そべっていた。

顔面が血だらけで、目を閉じていた。

名前を呼んでも反応がない、ピクリとも動かないスプラッターＹｕｋｏだった。

死んだかも。

抱き起こそうと思ったけど、サワレナイ。

下手に動かすと、頭の後ろから脳みそがこぼれるような気がして。

稚内からウガンダまで 82,000km
ウガンダの楽園度★★★☆☆
交通渋滞度★★★★★
世知辛い度★★★★★

映画みたいに抱きしめるとか、揺するとか、絶対無理。脳みそ、こぼしそう。

脳みそこぼしたら、おしまいだ。脳みそ大事。でも、もう死んでるかも。

通りかかったタクシーが停まった。

ドライバーと野次馬がＹｕｋｏをタクシーに運んで（脳みそ、こぼれなかった）、ボクは荷物をかき集めて（スマホが見つからなかったけど、まあ、いいや）、乗り込んだ。

タクシーは、救急病院へ向かってくれたみたいだ。とくに訊いてないけど。

頭がぼんやりしていて……、なにもかもが人ごとで、実感がなくて、どうでもいい感じ。

黙って窓の外を眺めていた。

「どうしたの？」

突然、スプラッターＹｕｋｏがしゃべった。

生きてた。

「乗っていたタクシーがね、事故ったみたい」

ほどなく救急病院に着いたけど、断られた。

けど、ああ、そうですか。夜、遅いですもんね。すみませんね。

なにもかも運転手にまかせて窓から外を見ていたら、

「どうしたの?」とＹｕｋｏ。

「タクシーが事故った」

二軒目の病院が、迷惑そうに受け入れてくれた。車椅子を借りて診療室へ向かう。

「どうしたの?」「タクシーが事故った」「どうしたの?」「タクシーが事故った」

Ｙｕｋｏが壊れた。

頭に二箇所、花が咲いたように口を開けていて血が流れている。骨、見えるかも。見ないほうがいい。

はっきりと不機嫌な顔をした女性看護師が、ドクターを呼びに行く。

ドクターは、寝てたのに起こしやがってと怒っていて（午前四時だから、しかたないね）、面倒くさそうにＹｕｋｏの傷を縫った。

頭は二か所、両足のスネで二か所。

ざっくざっくと雑に。愛とか情とか一針もなく。畑を耕すみたいに大胆に。

Ｙｕｋｏが叫ぶ。痛いみたい。だよね。そんな感じだもん。

縫い終わっても、「どうしたの?」「どうしたの?」まだ壊れているＹｕｋｏ。

家に帰ったら、朝の六時だった。

救急病院探しから帰宅まで面倒をみてくれたタクシーの運転手は、イワンと言った。

ポロシャツを着た、実直そうな三〇代前半の男性だ。

イワンがいなかったら、Ｙｕｋｏはまだ現場で転がっていただろうか。

死んでたかも。イワンのおかげで、ベッドの上で死んだように寝ている。

そういえば、ボクらが乗っていたタクシーの運転手はどこへ消えたのだろう?

ソファに横になったボクは、一睡もできない。疲れすぎたのか、興奮しているのか。

悲しみも喜びもなく、暑くも寒くもなく、感情の心電図は一直線。目すら閉じられなかった。

朝九時、イワンのタクシーが来た。

Ｙｕｋｏをベッドに寝かせたまま、警察署へ出向く。

いくつか手続きを済ませたあとで、家へ戻った。

民泊の奥さんがお見舞いにきて、

「あそこの救急病院は簡単な骨折も治せなくて、うちの娘が怪我したときは（以下略）」

彼女が推薦してくれた西洋人のための西洋人の病院へ行くことにした。

病院の住所、移動、受付、事故から今にいたるまでの状況説明、支払い方法、薬の飲み方、次回の予約まで、すべてタクシーの運転手イワンが代行してくれた。

ボクの頭は豆腐になっていて、とてもじゃないけど英語なんか話せなかった。日本語す

ら面倒くさい。足を怪我しているけれど、治療をするとそのぶんＹｕｋｏのライフが減る
ような気がして黙っていた。しびれているけれど、ボクの足はどうでもいいのだ。

イワン、いろいろありがとう。しばらく、マネジャー役もお願いします。

タクシーのチャーター代を払い、明日もよろしく、チップを弾んだ。

翌日、Ｙｕｋｏの左目がテニスボールのように腫れていた。お岩さんが腰を抜かすレベルで。ホラー好きのボクでも後ずさりしたくらいグロテスクに。

「頭痛と目眩《めまい》が辛くて、モノがよく見えない」と言うＹｕｋｏの声がアリより小さい。

食欲がなくて、日本から持ってきた梅干しを舐めるだけだった。

とても生きているようには見えなかった。

幽霊より覇気がない。人形より魂がこもってない。

翌朝、左目の赤紫ボールは右目にうつっていた。左右に赤紫のボール。こんなひどい顔はゾンビ映画にも出てこない。絶対に治らないと思った。

先生、激しい頭痛と目眩で眠れないというのですが、なんとかなりませんか？

先生はすまなそうに、原因はわからないと言う。

点滴をしている間に警察へ。夕方、帰宅。Ｙｕｋｏをシャワーに入れなくては。

髪の毛が血で固まっていて、ヘビメタ好きのヤマタノオロチになってる。お湯をかけても、固まった血はなかなか溶けないもんなんだね。プラスティックみたいだ。裸のＹｕｋｏは、妙な角度に首を傾げて動かない。黒目はどこも見ていない。白いカラダに、薄い赤い血が流れてゆく。

事故から三日後、頭痛と目眩がますますひどくなった、と言う。先生がＣＴスキャンを見直して、ここ、折れてるね、と、頭がい骨を指差した。けど、特に治療はできないって。痛み止めをもらっただけ。

Ｙｕｋｏが、モノが二重に見える、と言う。

ボクの顔は首の上にひとつ、お腹にもうひとつあるらしい。気持ち悪いって。だよね。

いつまでも梅干ししか食べないので、日本食レストランでお寿司を買って帰った。Ｙｕｋｏは、五分くらいかけてひとつしか食べられなかった。かじる力も飲み込む力もないようだ。

Ｙｕｋｏを寝かしつけて、ボクはソファに座った。

残ったお寿司を食べた。自分の膝を見ながら寿司を噛んだ。味がしなかった。ウガンダで一番美味しいお寿司屋さんだというのに。寿司を噛むのはおっくうで、ボクの膝はふたつあり、右のスネが痺れていた。膝に涙が落ちた。

寿司、噛めなくなった。どうしても噛めない。
口からご飯がこぼれそうだ。カラダが震えてきた。両手を握って踏ん張った。

両目の腫れは、日に日に小さくなった。頭痛と目眩も治まってきた。
ただ、モノが二重に見える〝複視〟だけは少しもよくならない。
ボクの顔はいつでも上下に並んでいる。同時にしゃべって同時に笑うそうだ。
事故から九日後、ドクターが、
「手術をすると、手術代は六〇万円もかかる」高くてごめんねと、謝った。
「でも、治る保証はないから」自信たっぷりに言った。
Ｙｕｋｏ帰ろうか、日本で治そうか。
ドクターが、それがいいって。
でも、いま飛行機に乗ると気圧で死ぬかもって。

神さま、お願い、逝くときは一緒で。

エビが名産と聞いたんですが、どこで食べられますか？（ウガンダ）
←〈ショート動画〉ゴリラを探して、豪雨のジャングルへ

慰謝料―ウガンダ

交通事故はビジネスチャンス

日本へ帰ろう。

Ｙｕｋｏの後遺症を治すために。

となると、飛行機に乗る前にしたいことがあった。

配車サービスに、ひと言申し上げたい。

配車サービスとはスマホでタクシーを呼ぶアプリで、予約の際、乗るところと降りる場所を地図上で指定するアレだ。読めもしない地名をテキトーに発音して、あらぬところに連れていかれる心配がない。東京で「東雲《しののめ》」を「とーうん」とか言ってると、一生着かない。

料金はあらかじめアプリに表示されるのでぼったくられないし、クレジットカード払いにすれば、現金を用意しなくてもいい。お釣りを取りっぱぐれることもない。

いまや海外旅行の必需品となった超便利な配車サービスだけど、宣伝をしたいわけではなくて、文句を言いたいのだ。

事故ったときのタクシーが、しれっとクレジットを引き落としたのである。

酔っ払い運転の対向車が突っ込んで来たのだから、タクシーに落ち度がないのはわかる。わかるけど、ボクが気絶から覚めたとき、運転手は行方不明だった。

後日、警察署で運転手に会ったとき、怪我をしたの？　って訊いたら、とっさにハンドルを切ったから俺は大丈夫！　って。だけど、実は自分の車じゃなかったもんでとゴニョゴニョ〜、名義借りをしていたから逃げたみたい。救急車も呼ばないで。ひどくね？

目的地にも着いていないし、それでお金を取るってどうよ？　って、素朴な疑問をぶつけたいのだ。わずか五〇〇円だけど。腹の虫が暴れるもんで。

そもそもウガンダの配車サービスには、以前から言いたいことが山ほどあった。

予約をすると、必ず電話がかかってくる。

「どこにいるの？」って。

地図を見てよって話で、地名を発音できないからアプリを使っているのに。

予約が完了しても、待たせた挙句にドタキャンする確率は六割以上。いや、七割かも。

途中で見つけたお客さんを拾っているようで、それってずるくない？

しかも、勝手にキャンセルしておきながら、キャンセル料を盗る無法者もいる。

来たら来たで、

「どこへ行くの？」

だーかーらー、地図を見てよ。

ここへ行ってよってスマホを見せると、字が読めなかったり、地図の見方がわからなかったり。地図を見れば見るほど迷子になって、倍の料金を請求されたこともある。

走り出す前に、

「ガソリンが足りないから、お金を貸して」

貸しませんって。

カード払いで予約をしているのに、現金でないと走らないとダダをこねるのはよくある話で、断ると逃げる。助手席に赤ちゃんを乗せたママさんドライバーは、赤ちゃんをあやすのに忙しくて、ほとんど前を見ていなかった。

「アプリはキャンセルして、サシで値段を決めようぜ！」

お宅、いくら出す？　って訊いてきた掟破りもいた。

「いつまで待たせるんだ！」

って文句を言ってきたタクシーは車種もナンバーも違っていたから、予約を横流しするブローカーもいるみたいだ。やりたい放題である、ウガンダの配車アプリ。

そこへいくと、うちのお抱えタクシー、イワンは優秀だ。

どうしてそんなに優しくしてくれるの？　ってくらい、ドライバーの枠を超えて親身にサポートしてくれた。

毎朝、家に迎えに来て、病院、警察、スーパーマーケットへの送迎。各種手続きの代行からスケジュール管理まで、それこそ秘書のように。

あの無法者の配車アプリに頼らずに済んで、精神的に救われた。

イワンの本領発揮は、警察への対応だ。

まずもってボクは、被害届けを作ることからして思いつかなかったし、最寄りの警察署もわからない。しかも書類を作成した日はレイプ事件があったとかで、殺気だった近隣住民が大挙押し寄せて、革命さながらの暴動中。警察署は立ち入り禁止になっていた。

そこをイワンは裏口から入り、担当者を見つけ出し、いつまでも昼飯を食べているのをやめさせ、Ａ4用紙まるまる二ページものレポートをまとめてくれたのだ。

ボクなら、秒速で諦めていた。

事故現場は知らないし、気絶したので状況も不明。Ｙｕｋｏの怪我の具合も説明できない。第一、いまだに頭が豆腐だ。足が痺れているし。

わざわざ被害届けを出す意味がわからなかった（↑あるのだ！）。

ありがとう、イワン。どんだけチップを払っても感謝を伝えきれないから、最後に特別ボーナスを弾むので楽しみにしてて……、とか思っていたら、それは余計なお世話だったのである。彼は彼なりに、売り上げ計画があったのだ。

ある日の午前中、イワンは部長さんって感じの偉そうなおまわりさんを連れてきた。
だれ、この人？
「今回の事故の担当者です。彼のインタビューをうけてください」
部長さんがボクに質問をする。ボクの代わりにイワンが答えて、新しい書類を作った。
なんだかよくわからないけど、言われるままにサインをする。
その書類と被害届けの控えを持って、イワンと部長が出ていった。
夕方、戻ってきた。
札束を握って。
慰謝料だって。
「加害者がノルウェー人だから、取りやすかったな」って笑っていた。
日本円にして六万円くらい。こちらでは大金だ。
驚いた。ウガンダの警察って、慰謝料の世話までしてくれるんだ。しかも即日回収。
サービスいいね、交通課！　って感心していたら、その夜イワンから、

「お金をもらったことは、誰にも言わないで」ってメールが来た。

で、謎が解けたのである。

慰謝料は、交通課のサービスではないんだね。

これは、たまたま事故現場を通りかかったイワンのアイデア商法だ。

加害者が欧米人であることを知って、被害者（ボクら）を救急病院へ連れてゆき、毎日送迎することによって日々の売り上げを確保。被害届け等の手続きを手伝い、警察とグルになって加害者から慰謝料と手数料をぶんどる、という事故ビジネスをしていたんだ。

だから、率先して書類作りに精を出していたのか！

かようにして、ウガンダのタクシー業界はどいつもこいつもやり手なのである。

特にわが家のお抱え運転手、イワンは。

翌日から来なくなったけど。

ゴリラなんだか観光客なんだか、わからない（ウガンダ）

後遺症――一時帰国

またしてもタクシーがやらかした

二〇一九年二月、Ｙｕｋｏの後遺症を治すために帰国した。

札幌の大学病院に相談すると、モノが二重に見える複視はさほど珍しくなく、強い衝撃により一時的に左右の目が連携しなくなったらしい。スポーツ選手によくあるとのことだ。

治療方針は、

「まずは自然治癒力に期待しよう！」で、

「半年経っても治らなかったら、手術を考えよう」の二段構えとなった。

わかりました、先生。よろしくお願いします。

とりあえず何もしないとはいえ、ウガンダの「手術代は六〇万円だけど、治る保証はない（キリッ！）」の一〇〇倍以上心強いです。

たらふく食べさせ、さっさと寝てもらい、ぶくぶく太らせましょう。

ということで、遊びもせずに慎ましやかにブロイラー生活を送っていたところ、事件が！

札幌市内で車を運転していたら、タクシーがぶつかってきた。

またっ？　である。二〇一九年は、毎月、車がぶつかってくるイヤーですか！

こちらは停車中だったので、完全無欠にタクシーが悪い。幸い運転手は正直な人で、

「ごめんなさいねー、よく見てなかったわ」

非を認めてくれたんだけど、不幸なことに、タクシー会社の事故処理係が横着者だった。

「金は払わん、修理したけりゃ自分で直せ！」

訴えたきゃ訴えろ！　と開き直ったのだ。

ドライブレコーダーに犯行の一部始終が映っているのに、そんなもん知るかい！　って威張るのだ。ウガンダのタクシー業界より、ひどいじゃないか。

それからというもの、弁護士を探したり、車の修理代よりはるかに高い弁護料がかかると聞いて青ざめたり。それでも悪は滅ぼさねばならん！　と全財産を投げ打つ覚悟で戦闘モードに入ったり。気が弱いものだから、戦わずして敗戦ムードに陥ったり。

屁理屈を言う事故処理係に心がくじけそうになり、ちょっと折れたり曲がったり。日々、鬱々《うつうつ》と考えるだけで、すり減る心。

すっかり気持ちが落ち込んで、Ｙｕｋｏの複視のことなど忘れていた六月初旬、

「治ったかも！」

ボクの顔がひとつしかないと言うのである。

ソファに寝転がってテレビを観ると画面がふたつになるけれど、本人的には九五％は治った、と。Ｙｕｋｏの自然治癒力は、名医だったのである。

複視の日にち薬は、栄養と睡眠と肥満が効くようだ。

治ったとなったら、ウガンダに置いてきた車が心配になってきた。

ヴィクトリア湖のすぐ横に駐車しているから、カビたりサビたりしてないだろうか？

六月下旬、ウガンダへ戻った。

くんくんくん、車の中はカビ臭くなかった。サビてもいない。

では、次はケニアへ行こう！

「訴えたきゃ、訴えろ！」のタクシー会社には、弁護士の委任状がよく効いた。

訴える前に、しれっと修理代を振り込んできた。

札幌悪徳タクシー事件も、これにて一件落着。

お嬢さん、おしゃれしてどこへ行くの？（モザンビーク）

野生動物――ケニア

手を伸ばせば、カバの鼻の穴

「夜になると、キリンとかカバが来るのよ」

ロッジ&カフェの女性スタッフが言った。

ボクらはケニアの比較的大きな町、ナイバシャにいた。

どこに来るの？

「庭に」

ほらそこって、目の前の庭を指さす。

本当に？　そのキリンとカバって野生なの？

「もちろん野生よ」

またまたまた～、たまたま二、三度庭にまぎれこんだことがあるとか、昔はよく来てたのよとか、そういう話じゃないの？

だって、庭にはカフェのテーブルと椅子があるし（ボクらはそこでお茶を飲んでいた）、多少ボサボサだけど綺麗な芝生だし、全体的にお手入れが行き届いた〝ザ・ガーデン〟。

雑誌の表紙は飾れそうだけれど、少しもナチュラル感がない。こんなところに野生動物が来るわけないじゃん。しかもキリンとカバなんて超大物、サファリ界のハリウッドスターが。

「来ますよ、夜に」

お土産コーナーの執事みたいなおじさんも真顔で言う。

そうなの、今晩来る？

「たぶんね。もちろん野生だから保証はできないけど」

Ｙｕｋｏ、ここに泊まるといくら？

「ふたりで一泊三〇〇米ドルで、三食付き。でも、さっき値段を訊いたら半額でいいって」

値引きしてくれるのが怪しいけど、ふたりで一五〇米ドルで三食付きなら、そう悪い値段でもないね。っていうか安いじゃん。騙されたと思って泊まってみようか？

ベストセラー『野生のエルザ』の著者、ジョイ・アダムソンの家だったところに。

Ｙｕｋｏのバケットリスト（死ぬまでにやりたいこと）にあったロッジ、「エルサメア」に。

で、その晩、まんまと騙され――、なかったのである。

稚内からケニアまで 90,000km
ケニアの楽園度★★★★★
家をセルフビル度★★★★★
絶景度★★★★★

コテージのベランダから庭を見張っていたら、どこからともなく、こそーっとキリンがやって来たのだ。あたりをうかがいながら、アカシアの葉を食べ始めた。大きいのと小さいのだから、親子かも。

Ｙｕｋｏ、びっくりだね。本当に来たよ。

キリンが庭にいるって、めちゃくちゃ無茶な構図で萌えるねー。

翌朝は五頭ものキリンたちが、もりもりと葉を食べていた。

そんなに美味しいのかね、ここのアカシア。

思えば最近、サファリのゲームドライブが食傷気味だったのである。ウガンダのゴリラ以外、ナミビア、ボツワナ、南アフリカ、タンザニア、そしてここケニアではマサイマラ国立保護区。どこも似たような動物で、新鮮味に欠けていたのだ。そろそろ、見たことも聞いたこともない猛獣とか（大きければ大きいほど歓迎）、幻でも架空でも妖精でもなんでもいいから新人がほしかった。それが無理なら、サファリカーに象が突っ込んでくるとか、ライオンが襲ってくるとか、振り向いたらワニがいたとか、多少は危機一髪でも、マンネリ打破を期待していたのだ。けん怠期だったのである。

そこに、箱庭キリンだ。

狭い庭に大きな野生動物という組み合わせは、昔ファミレスで見た、全日本プロレスのレスラーたちが、小皿を持ってサラダバーに並んでいたくらいのミスマッチ感。

これをバックパッカーたちに自慢すれば、美味いビールが飲めるってもんです。

となると、どうしてもカバを見たくなってきた。

カバは一トン以上の体重がありながら、時速五〇キロで走って人を殺す。ベジタリアンだから食べないのに。ただ単に、怒らせると恐いんだぞ、という理由で。

この狭い庭でお会いできれば、ライオンの致死率とさほど変わらないから、いい土産話になる。できれば、同じ目線の高さでじっくりと御本尊を拝みたい。あの小さな黒目を覗いてみたい。悪気はありませんって感じのお目々を。

昨日の執事が、

「昨夜カバが来なかったなら、今晩こそチャンスかも」

騙されたと思って、延泊することにした。

そしてその夜もまた、騙されなかった。

カバ、来ました。二頭も。

それが嬉しいことに、うちのコテージのすぐ横の芝生を食べている。

おかげでボクらはリビングの床に座って、掃き出し窓の低い位置から眺めることができた。

ガラス一枚隔てるだけの向こう正面だ。おやつを食べながらだから、升席だ。

カバと同じ目線の高さは、注文どおり！

直に芝生に食らいついて、ブチブチーっと音を立てながら引っこ抜き、わしゃわしゃ噛んでいる。

急いで食わないと死んでしまうんですわってくらい、一心不乱だ。

そんなに美味しいのか、ここの芝生。

脇目も振らずにぶちぶちわしゃわしゃ、食ってる食ってる。

食うほどに近づいてきて、ほぼ一メートルにまで迫ってきた。

手を伸ばせば、鼻の穴をほじってあげられそうな距離だ。

ほじるとしたら、三本くらい指が必要かも。

なんてことを考えながら写真をパシャパシャと撮ったら、急にビクって顔を上げた。

フラッシュはたいていないんだけど、シャッターの音が聞こえた？

噛むのを止めて、何か考えている。

口から、食いかけの芝生がはみ出ている。

右を向いてきょとり、左を向いてきょとり。

小さなお目々は真っ黒で、悪気はないというより、何も考えてませんって感じの光沢のない闇。感情のなさそうな小さなブラックホールと目があった。

こっちが見えるの？

お願いです、突進だけはやめてください。

危機一髪もマンネリ打破もいらんから。

突進されたら、100% 死んでた（ケニア）
←〈ショート動画〉野生の動物なのに、芝生が大好物

パラサイト移住——ケニア

マサイ族に牛糞ハウスを学ぼう！

景色のいいところに住んで、古民家をリノベする。
あるいは、家をセルフビルドする。
それがボクらの海外移住「妄想編」である。
だけど、ぶっちゃけお金がないからムズカシイ。
お金を稼ぐとなると、日本で一所懸命働かねばならず、一生、海外に住む暇はない。
暇を作ると、家を買うほどのお金は貯まらない。今がそれ。
ごくあたりまえのジレンマだけど、ケニアに穴場的楽園を見つけてしまった。
Ｙｕｋｏ、妄想が叶うかもよ。

楽園の持ち主は、ケニアに住んでウン十年の日本人Ｉ氏。
ボクらより、若干若いおじさんだ。
下心を込めて、師匠と呼ぶ。

師匠のセカンドハウスが、妄想の舞台となる。

首都ナイロビから北西に三〇〇キロくらい走り、左に折れて脇道に入る。ほどなくして砂利道になり、さらに左に曲がると凸凹麗しいワイルドな道。車のお腹をごりごり擦りながら這うように進むと、やがて、これは道じゃないんじゃないの？　って荒野に出るけれど、めげてはいけない。騙されたと思いつつ進めば、紆余曲折を七転八倒した先に門が現れる。

この翌年に新しい道ができたと聞いたけれど、二〇一九年当時はプチ冒険的辺境だった。

師匠の楽園はサッカー場より広くて、奥に行くほどに丘になっている。

このあたりで一番高い丘で、ケニアを一望できそうな大パノラマが広がっている。

民間人の持てる借景にしては、王様級だと思う。

上から目線の眺望を欲するボクらにこそ、ふさわしい土地だ。

この土地をなんとか乗っ取れないだろうかとささやかな夢を胸に秘めながら敷地を案内してもらったら、師匠はボクが敵う相手ではないと知った。

ただのおじさんではないのである。

あろうことか、地面から吹き出る熱い蒸気を利用して、サウナを作っていた。

燃料光熱費が一切かからないエコなサウナは、何も足さない何も引かない天然成分一〇〇％だから、万病に効く――、ような気分にしてくれる。

お世辞を言わせていただくと、師匠、見た目を裏切ってアイデアマンなのである。

さっそくサウナでひとっ風呂あびると、地熱の優しい蒸気が万病のいくつかにヒットした感じです。たいへんスッキリしました。

スッキリついでにトイレに行けば、臭そうで意外に臭くないコンポストトイレだった。

ふと見上げると、電気はソーラーパネル。雨水を溜めているので、水道はあまり使わない。

野菜畑は師匠自ら耕したもので、コンポストトイレの栄養が染みた地産地消である。

調理は七輪を使い、薪はその辺に落ちている小枝を拾う。

師匠は地球に優しいだけではなく、懐にも優しい生活ですね、と褒めたら、

「いや、それがね、実は温泉的コテージ宿を作っているんだけど、いつまでたっても完成しなくて、そろそろ破産寸前で」って、頭をぽりぽり掻くのだ。

建築中の丘の上の絶景カフェ＆レストランは、マサイ族の若い兄弟が工事を請け負っていた。床面積は広く、天井は高いし窓も大きい。伝統的なマサイ工法だから、完成まではまだまだ時間がかかりそうだ。コテージとキッチンは近所の村人が担当し、壁に牛糞を混

大工道具です（ケニア）

ぜ、屋根は茅葺。電動工具は使わずにすべて手作業。これまた竣工は先になりそうである。

聞けば、毎日十人もの村人を雇っているのに、五年もかかっていまだにオープンできないというから、バルセロナのサグラダ・ファミリアみたいな楽園なのである。

なるほど、それはたいへんですね、と遺憾の意を表しながら考える。

Ｙｕｋｏ、ここに移住するというのは、どうだろう？

師匠の土地の隅っこを拝借して（もちろん、失礼にならないように雀の涙くらいはお支払いして）、マサイ兄弟を師と仰ぎ、家をセルフビルドしよう。

牛糞ならボクらもこねられる。在来工法でもツーバイフォーでもないから、ＤＩＹ素人でもなんとかなりそうだ。曲尺《かねじゃく》を使わない、出たとこまかせな精度だし。

家ができたら、村人を雇って畑を作ろう（日給は五〇〇円）。その縁を大切に育くめば、彼らがボクらの老後の面倒をみてくれるに違いない。と考えれば、日給は年金みたいなものだ。それに師匠によると、村の娘さんたちは「結婚さしなくていいがら、子どもが欲しい」って言い寄ってくるというから、事と次第によっては子どもを授かるだろう。

ビッグダディもまた、いいではないか。

似たような僻地移住は西アフリカのマリでも考えたけれど、あっちはやっぱり暑すぎる。すぐ死ぬ。ここの夜は寒いくらいだから、老後を過ごすのにちょうどいい。

田舎暮らしに疲れたら、車で一時間も走ると町がある。五時間も走れば、首都ナイロビだ。

なんでも売っている。インスタントラーメンもある。シーフードもある。

師匠と食べた鍋は、カニしか入っていない贅沢なものだった。

マサイ工法の家はほとんど建材を使わないから、家を一軒建てても一〇〇万円もかからなそうだという未確認情報をよりどころにすれば、予算的に無理がないではないか。

鶏とかヤギとか犬とかネコとか、可能だったら象でもなんでも飼おう。

旅行に出ている間は、師匠に面倒をみてもらえばいいんだし。

絶景を肴に飲むビールは、さぞかし美味かろう。

いいよね、生活費がかからない清貧の移住。身の丈にあってるし。

ビザは、「クラスK」という移住用があるという噂だし。

さっそく師匠に相談しようかと思ったけど、いや、黙っておこう。急いてはいけない。

こういうのはさりげなくパラサイトしないと、乗っ取られると勘違いされたら困る。

まずは、お友達から始めよう。

ボクらの魂胆を知らない師匠と犬（ケニア）

書類が足りないと言われましても

ケニアでは、「滅多に動物に会えない」という世にも珍しいサファリ「メルー国立公園」に出かけた。

地図には載っていないレアなところへ行くので、二万円も払って車をチャーターした。陰毛みたいな植物（木と呼ぶには幹がないし、雑草にしては大きい）が身悶えした、潤い感ゼロのサバンナに、キリンとゾウが二、三頭、申し訳なさそうに立っていただけだった。動物もさることながら、ひとりの観光客も見かけない世にも寂しいサファリだった。

でも、それで結構なのだ。気にしないでください、キリンよ、ゾウよ。

今回は野生動物がお目当てではなく、エルザのお墓参りなのだから。

エルザは、Ｙｕｋｏの小学生時代からの愛読書『野生のエルザ』のライオンである。人間に育てられたエルザの話は、ベストセラーとなり映画にもなった。アカデミー賞にも輝いている。実話なので、お墓があるのである。

日本から持ってきた本『永遠のエルザ』を開き、口絵にある川のほとりを探す。

傾いた大木の近くに、お墓があった。

墓石の文字はかすれて読みにくかったが、ＥＬＳＡと刻まれていた。

「どうか安らかにお眠りください」

もうかれこれ五八年間も眠っているエルザに両手をあわせて、Ｙｕｋｏのバケットリストをひとつ減らしたのである。ちなみにボクのバケットリストは、Ｙｕｋｏのバケットリストを減らすことなので、お気遣いなく。


これでケニアは終わった。

北へ向かおう！

アフリカに上陸した三年前は、エジプトからヨーロッパに戻るつもりだった。ところが最近になってエジプトの陸路入国事情を調べたら、カルネという書類がないと、〝絶対に〟車をエジプトに持ち込めないと、スウェーデン人ライダーが断言していた。

カルネは車両の一時輸入許可証で、日本ではＪＡＦ（日本自動車連盟）が発行する。Ｃｈｉｎ号のカルネは、すでに期限が切れていた。

更新すると、デポジットとして七〇万円以上をＪＡＦに預けなければならない。日本に帰ると戻ってくるお金とはいえ、すでに二回分として一五〇万円くらい納めていて、なんかの拍子に没収されるんじゃないかと恐くてしょうがないから、もう払いたくなかった。

そこで、エジプトは次回のお楽しみ（↑あるのか⁉）ということにして、ケニア↓エチオピア↓謎の独立国家ソマリアと北上。ジブチで車を船に載せて、イタリア方面へ送ることにした。ジブチの船事情はネットで調べてもさっぱりわからなかったけれど、わからないことは考えないに限る。さすれば道は開けよう――、ということにして。

ところが、いざエチオピアへ！　とハンドルを北へ切ったら、次々と怪現象が起こったのである。

まず、キイヤギャイスイギースと、どこからともなく歯ぎしり系の怪音が鳴り始めた。はて、なんの音だろう？　さっぱりわからない。耳をすますと、以前からギイイヒイーヒイヒイイーと鳴っていたクラッチの叫びが、ここぞとばかりにパワーアップした。

怪音二重奏に刺激されたのか、水温計がピコン！　っと点いて、消えてくれない。

調子をあわせたかのように、以前から点いたり消えたりしていたエンジンランプも、ピコン！　何か不満があるならはっきり言ってほしい。

屋根の上の荷台のネジも、ほぼ全部ずるずるに緩んできた。

どうしたというのか。もしかしてこのポルターガイストは、

「エチオピアは止めておけ！」という神さまのお告げではないだろうか――。

考えてみるに、エチオピアの山中で故障をしても、南スーダンにいた自衛隊は帰国したから助けてくれない。ジブチの自衛隊は海賊征伐用だから、頼りにならなそうだ。

エチオピア人はチャリダーに石を投げつけるほど荒ぶっていると聞いたばかりだし、最近、国境でビザを発行しなくなったという噂が流れている。名物料理のインジェラは雑巾の味がするらしい。それに忘れたフリをしているけれど、ジブチで船を見つけられるか、とても不安なのである。考えるだけでトイレが近くなる。

Ｙｕｋｏ、作戦を変更しよう！

Ｕターンして南へ下ろう。ケニアのモンバサ港で車を船に載せて、ポルトガルへ送ろう。

神さまのお告げに従ってハンドルを南に切ったら、歯ぎしりがぴたっと鳴り止んだ（本当に）。クラッチ音が小さくなった（たぶん）。水温計とエンジンランプが消えた（ときどき）。ポルターガイストが治ったのである。

神さま、ご忠告ありがとう！

賽銭箱に札束をねじ込むくらいの感謝をしながらモンバサに行ったら、さっきの賽銭を返してくれ！　ってくらい、ひどい目に遭ったのである。

Ｃｈｉｎ号を捨てたくなるくらいの難題が待っていたのだ。

その元凶は、先に触れた書類カルネである。

一般に、車かバイクでどこかの国に入るときは、大雑把に四つのパターンがある。
①日本の車検証を提示する（日本語なので、たいてい困った顔をされる）
②カルネを提出する（締結国はもちろんのこと、締結国以外でも通用することもある）
③国境でＴＩＰ（フランス語圏ならＡＴ）という書類を発行してもらう
④フリーパス
ケニアは、②のカルネか③のＴＩＰのどちらか。Ｃｈｉｎ号のカルネは切れているので、国境で③のＴＩＰを発行してもらい入国した。

ＴＩＰはカルネと似た一時輸入許可証である。ボクらの旅を七転八倒級に右往左往させるほど重要、かつ厄介なものなので、ぜひこの言葉を覚えてほしい。

ここからはカレンダーを片手に読んでいただくと、
モンバサに着いたのは、二〇一九年九月十一日。

ポルトガル行きの船は、翌週の十六日に出航する。

たった五日間しかない。ぎりぎりな気がするけれど、間に合うだろうか？

もし間に合わなければ、その二日後の十八日にＴＩＰが切れてしまうので不法滞在とかになってしまう。

十六日の船がラストチャンスなのである。
ＴＩＰが切れれば罰金だか没収で、罰金はむちゃくちゃ高いとの噂である。
それは勘弁してほしい。
それなのに、ああ、それなのに♪
港に行ったら、
「カルネがないと、車は船に載せられません」
と拒否られてしまったのだ。
なんですとっ！
カルネなしで入国させておいて、カルネなしでは出国できないって！
なんの意地悪ですか？
とんちですか？
神さまのいい加減なお告げのせいで、この後、絶体絶命のピンチを迎えたのだった。

ライオンに追いかけられても、木には登らないこと（ケニア）

港に車をほっぽって、逃げた

ケニアのモンバサ港で、

「カルネの書類がないと、車は船に載せられません」と断られてしまった。

この交渉を実際に担当したのは、エージェントのサリム氏だ。

船会社に紹介してもらったイエメン人のおじさんで、ちょいヒゲの六〇歳。白っぽい民族衣装をさっそうと着こなし、紳士といえば紳士。怪しいオヤジといえば、限りなくうさん臭い顔をしている。本人いわく、この道四〇年のベテランである。

サリムさん、カルネがないとダメって。そんなことを言われたら、船に載せるどころか、一生、ケニアから出られないじゃない。どうしたらいいの？

「ノープロブレムだ！　心配するなって。俺にまかせとけ！」

明るく、そして力強く返事をしてくれたサリムさんだ。ちょいヒゲがなんとも頼もしい。

本人の言う通り実力者かもしれない。が、「ノープロブレム」はムスリム的には「インシャラー」。スペイン語の「ケセラセラ（なるようになるさ）」とか、日本語の「検討させていただきます」と同様、少しも問題解決につながる気がしない。なんとも心もとない言葉なのだった。

「なんかいい方法を考えておくから、では明日！」と言われて、その日は別れた。

翌日、一度も連絡がなかった。メールをしても返事がない。船が出るまであと四日しかないのに。サリムさんに逃げられたんじゃないかと思うと、胃がキリキリとインシャラーしてきた。

翌十三日の金曜日、サリムに呼び出されて事務所を訪ねた。

「カルネが必要だというなら、ケニアでカルネを作ろう」

そんなことができるの？

「できる。こういう裏技は、業界四〇年の俺にしか思いつかん！」

鼻の穴満開で威張っていた。頼もしい人だ。しかし役所で、

「担当者が休んでいて、いつ出勤するかわからないですね〜」

と言われて、一瞬、まじかよ⁉ って真顔になったサリムだけど、そんな動揺はおくびにも出さないで、

「オッケー、ノープロブレム！」あとで電話するからって、家に帰ってしまった。

船が出るまであと三日。

小腸を手もみ洗いされているかのように、へそから下がムカムカする。軽い吐き気。めまい。目に涙が滲《にじ》んでいた。

土曜日、日曜日とサリムから連絡なし。

明日の月曜日が出港日だから、これはもうどう考えても船には乗らないんじゃないだろうか。ということは、車の違法滞在→罰金、あるいは没収。そう思うと、ジョッキ一杯分のパチンコ玉を飲んだかのように、へそから下がずっしりと重くなってきた。

十六日月曜日、今日、船が出る。運命の日である。

朝一番からサリムと一緒に、船会社→港→税関と走りまわった。

「すみません、カルネがないいんですが、今日の船に載せてくれませんか?」

陳情ドサまわり。昼飯も食わず、祈りもせず（サリムは敬虔なムスリムなのに）。

「先月、税関で人事異動があったようで、スタッフがみんな入れ替わっちゃったな」

「新しい連中は、ＴＩＰという書類を知らないって。知識と経験が足りないな」

困っちゃったな、あっはっはっはってサリムが笑う。

最悪の事態に陥ったわが家に、船会社からさらなる不幸の電話が入った。

「ポルトガルのエージェントと連絡がつかなくて、手続きできない」って。

「えーーーーっ！　ちょっと前まで元気よくメールが来ていたというのに、どういうこと？　カルネどころかポルトガルの書類まで足りないって、サリムさん、正直に言ってください、もうどうにもならないよね？

「大丈夫、心配するなって。まだとっておきの名案があるから」

本当に？

「イエス！　とりあえず、車を港に置いて帰ろう！」

はあっ？　まったくよくわからない迷案だった。言われるままに港内の端っこに車を駐めた。それが船積みされそうな車両置き場ではなくて、単なる空きスペースに。わざわざひと気のないところに、隠すように。鍵をサリムに預けて、その日は解散となった。

今日、出港日だというのに、書類が足りないまま解散していいのだろうか――、騙されているんじゃないだろうか？　もしかして、車を盗られたんじゃないのか？

すでに、手続きに関する一切合切のお金を払っているから、泥棒に追い銭かも。

宿に戻って、パチンコ玉が詰まったような重いお腹を抱えていたら、サリムから電話がきた。

「喜べ！　船は来なかったぞ。まだタンザニアにいる。出港は二日後に延びた」

ぶっちぎれたと思った首の皮が、毛細血管一本でつながったのである。

翌十七日、朝っぱら衝撃的なお便りが。ポルトガルのエージェントが、

「税金が五〇万円くらいかかるから、用意しといてください」って。

税金が五〇万円？

何を言ってるの、そんなことないですってば。よく調べてください！

旅行用の車には税金はかからないんです。世界中どこでも（それは知らんけど）。

現にボクらは、二〇一六年にヨーロッパを走って来たけれど、税金なんか一銭も払ってないです。とメールしても、一秒も聞いてはくれないポルトガルだった。

これは困った。五〇万円も税金を払うくらいだったら、ケニアに車を捨てたほうがマシだ！　って啖呵《たんか》を切りたいけれど、そうもいかない。

日本に車を持ち帰らないと、ＪＡＦに預けている一五〇万円が返ってこない。

カルネの問題が片付いていないというのに税金で五〇万円払えとは、一難去らずにまた一難。サリムの責任ではないけど思わず愚痴ったら、ポルトガルとはそういう国だって、身も蓋《ふた》もないことを言うのである。吐きそうだ。最近、何を食べても酸っぱい。

問題が増える一方だというのに、船が出るまで、あと一日。

翌十八日、またしても船が着かなかった。

タンザニアで事件でもあったらしく、今となってはいつ着くか不明らしい。

それはたいへんラッキーなお知らせだけど、今日でＴＩＰが切れるから新しい不幸の始まりでもある。カルネがないから船に載せてくれなくて、唯一の命綱であるＴＩＰが期限切れとなると、万事休すだ。試合終了だ。もう一生、車は船には載らないだろう。

明日から、Ｃｈｉｎ号は違法滞在になる。罰金か、没収か。

どうしたらいいの、サリムさん、なんとかなりませんかね、と泣き言を並べていたところ、船会社からさらなる不幸のメールが届いた。

「なんちゃらとかいう書類がないんだけど」って。

なんなのそれ？

もうさっぱり意味がわからない。みんなして邪魔ばかりする。

で、追い討ちをかけるように、

「なんにしろお客さん、すぐに船代を払ってください。現金で！」って。

クレジットカード払いでいいって言ってたじゃない！

そんな簡単に何十万円も用意できないです。銀行へ行ってもお金を下ろせないですって言っても聞いてはくれない担当者だった。

Ｙｕｋｏ、車を捨てて日本に帰ろうか？

ワニに気をつけろ！　って言われたのは、１週間くらい経ってから（ケニア）

楽園ランキング ―アイルランド／ポルトガル

一度くらい海外暮らしをしたくて、世界一周一五年

二〇一九年九月二六日、出航日より遅れること九日、サリム氏から電話がきた。

「喜べ、君たちの車は船に載った。五週間後にポルトガルに着く」

必要書類のカルネはなく、代替品のTIPは期限が切れ、すべての窓口で門前払いを食らったわが家の軽自動車は、船の上とのことだった。

サリム氏が凄腕なのか、上手に賄賂を使ったのか、その辺の事情を尋ねると追加料金がかかりそうなので訊かないが、両手を擦り合わせて奇跡を喜んだ。

ただ、「税金に五〇万円かかる」と言い張ったポルトガルのエージェントは、勝手にしたら！ とメールを送ってきたのを最後に、連絡が途絶えた。

消化し切れない五〇万円分のしこりを胃に残したまま、ボクらはアイルランドに飛んだのだった。

久しぶりのヨーロッパだというのに、借金を抱えているようでちっとも楽しめないかと

いうと、案外そうでもなかった。

Ｙｕｋｏ、キャンピングカーを借りて、アイルランドを一周しよう！

「だね、どんな車を借りる？」

四年以上〝住所＝軽自動車〟という生活だが、Ｃｈｉｎ号以外のキャンピングカーを知らない。そこで、後学のために前半と後半で車を替えてみた。

島の南側は、トヨタのＶＯＸＹをベースとしたキャンピングカーでまわった。

後ろのハッチバックを開けると、小さなシンクにポンピング式の蛇口がついたキッチン。ガスコンロはひとつ。ベッドは、ボクらにしてみれば王様サイズだ。

そのベッドの一部を外すとソファになり、丈夫なテーブルをセットできた。食卓テーブルは、いつでも快適な書斎となった。

この邸宅のレンタル料は、一日六四・五ユーロ。当時のレートで七六〇〇円。

先客のつけた傷を隠すためか、車全体が派手なストリートペインティングで覆われているのが特徴だ。恥ずかしくなるくらい品がないが、四畳半のアパートから戸建に引っ越したかのように快適だった。

北側では、フォルクスワーゲンのトランスポーターＴ６を借りた。

これぞキャンピングカーの元祖、本家本元とのことである。

←〈ショート動画〉アイルランドは、寂しげなのがいい備え付けのキッチンにコンロが二つ並び、冷蔵庫が組み込まれている。せっかく電気暖房があるのに、震えるほど寒くてもほとんど使わなかった。幸せすぎてバチが当たるような気がしたのだ。Ｃｈｉｎ号の貧乏くささが身に染みていた。

運転席と助手席を一八〇度回転させるとダイニングルームに変身し、そのまま書斎になる。屋根を押し上げると主寝室になり、お客さんを泊めることもできた。お客さんはいないのに、ボクらはいつも階下で寝ていた。

この、寝室がふたつある豪邸のレンタル料は、一日七九・七ユーロ（九五〇〇円）。三〇〇〇円近いキャンプ場代を足すと一日に一万二〇〇〇円以上かかって破産しそうだけど、キャンプ場の設備は良く、スーパーマーケットにはなんでも揃っていた。

キャンプ場によっては、プライベートビーチにアザラシの子どもが寝そべっていて、ほっこりする。ワニやカバはいないので、怯えることなく夜中にトイレへ行ける。頻尿でも心置きなくいい夢を見られるのだ。

知らなかった。

ヨーロッパ流のキャンピングカー生活とはこんなにも快適だったのか。

ポルトガルに送ったＣｈｉｎ号のことを思った。五〇万円もの税金を取られるくらいなら、いっそのこと忘れてしまおうか。ほったらかしにして、このままヨーロッパを放浪しようか。

しかしそうもいくまい。ＪＡＦからお金を取り返すまで運命共同体である。飛行機に乗ってポルトガルへ飛んだ。

港の税関を訪ねて、Ｃｈｉｎ号を引き取った。輸出入に詳しい人に立ち会ってもらったので、五〇万円もの税金は払わずに済んだ。

ほれみたことかと喜び勇んでドアを開けたら、車内はぐちゃぐちゃになっていた。泥棒が入ったのだ。

「アフリカからヨーロッパに車を送ると、金目の物は盗まれる」と聞いていたので、想定内である。少しも驚いてはいない。これっぽっちも驚いてはいないが、わが家の家財道具一式が詰まっているというのに、何ひとつ盗らなかったとは驚いた。

失礼な泥棒は、ゴミを捨てていた。

ポルトガルの首都リスボンでは、友達の友達から空き家を借りて住んだ。

二〇二〇年のお正月を迎え、お屠蘇《とそ》にワインを飲みながら家族会議を開く。

Ｙｕｋｏ、そろそろ移住先を決めよう。

思えば、二〇〇五年の春から楽園を探していたのだ。

一生に一度くらいは海外暮らしをしてみたい――、というささやかな夢を叶えるために、一五年間も世界をまわっているのだ。

決して贅沢は言わないが、安全で暑くなく、物価が安い国がいい。眺めの良い家を買って、リノベをしよう。畑を耕そう。なんのスキルもないけど、ビール代くらいは稼ぎたい。肴は魚介類がいい。

そんなつましい願いを叶えてくれるのはどこだろうか？

楽園ランキングの五位に輝いたのは、ジョージアである。

ビザなしで一年間も滞在でき、起業の手続きが簡単だ。首都トビリシの不動産価格は東京の十分の一。ちょっとした世界遺産のように廃墟が多いので、古民家をリノベしたいボクらには宝の山だ。猫が多いのも好ポイントだった。

第四位は、アフリカのルワンダ。

移住しやすく、起業が簡単。夜中に徘徊できるほど安全。首都のキガリに住んだら、民泊の青年ベダくんに再度お金を貸して、彼を社長にして起業しよう。

ルワンダにはろくなお土産がないので、お土産を手作りして売ろう。

起伏が多いのでどの家も眺望がよく、白菜が手に入るのが嬉しい。ただ、ベーコンがおそろしく不味《まず》いので、誰かベーコン屋さんを起業してください。

トップスリーを発表する前に、参考までに一〇位から六位を披露したい。

一〇位は、チリのパタゴニア地方。シーフードとアンデス山脈が魅力だ。

九位は、コロンビアのメデジン。世界一ボク好みの美人が多く（異論は認めません）、一年中穏やかな気候。スーパーマーケットの品揃えは悪くない。クラウディアという親友もいる。ボクが死んだら、Ｙｕｋｏは彼女の家に身を寄せることになっている。

第八位は、アメリカのアラスカ。暖炉で暖まりながら、庭をうろつくクマを見るのもまた夢である。

第七位は、ノルウェーのロフォーテン諸島。どこもかしこも孤島のように絶景だが、物価が高すぎて住むにあたわず。

第六位は、アルゼンチンのカラファテ＆ウシュアイア。カラファテは、二〇〇七年に日本人宿の管理人をしていた。ボクらの旅の故郷である。家の窓から、湖に浮かぶ氷山を眺められる秘境なのだ。

いよいよトップスリーの発表である。

三位は、モロッコのエッサウィラ。

安全で物価が安い。暑くなく寒くなく、一年に五日くらいしか雨が降らず、いつも快晴。天国のように穏やかな気候は、老後にもってこいである。

漁港と市場は徒歩圏にあり、カニ、エビ、イカ、タコ、ウニ、イワシ、アナゴ、アンコウ等々、新鮮な魚介類が安い。イスラム教だが、お酒も豚肉も手に入る。そして、五メートルおきに猫がいる。

二位は、ポルトガル。

アイルランドを一周した際、あまりにも快適だったので、キャンピングカーでヨーロッパ放浪一年間、という新たな目標ができてしまった。

ポルトガルはヨーロッパのなかでは、比較的ビザを取りやすいと聞いている。


一位に輝いたのは、ケニアである。

Ｙｕｋｏ、Ｉ師匠の絶景の丘にパラサイトしよう。

マサイ族に習って家をセルフビルドしよう。

近所にはお店がないから無駄遣いできず、お金がかからない。会おうと思えばいつでもキリンやカバに会えるし、エルザのお墓参りにも行ける。

首都のナイロビで、安いカニ鍋を食べられる。

楽園は、ケニアに決まった。

だけど、もう少しだけ考えてみよう。

ケニアは好きだけれども、されどアフリカだ。

なにかと不便で無駄に刺激が多い。生活感が脂っぽくて、若干、落ち着かない。

毎日、麻婆豆腐を食べるようなこってり感ではありますまいか。ボクらの歳を考えると、心身ともにもたれるに違いない。

そこで、二位のポルトガルを繰り上げ当選させることにした。

ケニアは別荘にしよう。本宅すら決まらないのに、二拠点生活を目指すことにしたのである。

Ｙｕｋｏ、決定だ。となればすぐに日本に帰ろう。

ポルトガルと日本は、ボクの胸算用では三万キロ。

一日三〇〇キロも走れば、四か月間以内だ。

一月半ばに出発すれば、夏前に日本に着く。寄り道しても秋には着くだろう。

という胸算用は、些細な買い物ミスが原因で、ありえないほどに狂ってゆくのであった。

This is 660cc!
J
3243

目印がひとつもないので、曲がり角がわからない（ケニア）

おわりに

旅を終わらせる旅が、終わらない

稚内を出てから、七年が経った。

まもなく八年目だ。

それなのに、どういうわけかモロッコにいる。

あれ、ポルトガルから日本を目指して走ったんじゃなかったっけ？　って話である。

間違いなく、ボクらは二〇二〇年の一月半ばにポルトガルを出発した。

寄り道をしないで、日本まで一気に走るのである。決して故障は許されない。

そのため、クラッチ三点セット、温度計、スパークプラグ等々を交換した。冬タイヤ《スタッドレス》を八本も買って、すべてのタイヤを取り替えた。

これでもし二〇二〇年に春や夏が訪れなくても、一年中冬だとしても日本に帰れる。異常気象でも、軽い氷河期くらいなら乗り切れる。そう思っていた。

しかし、出発した翌日に、

「あ゛れーっ」

素っ頓狂な裏声をあげたボクだ。

真新しいタイヤを雑巾掛けしていたら、夏タイヤだったのである。予備タイヤもすべて。

ど、どうして？

すぐさま販売店に問い合わせてわかったのは、ボクの英語力は侮れないってことだった。

なんてえこったあ。

目の前が暗くなり（本当に薄暗くなった）、立ちすくんだ。

落ちつけ落ち着け、気を鎮めよう。胸算用を思い出せ。寄り道さえしなければ、夏前に稚内に着くではないか。明けない冬はない、春は必ずやってくる。夏タイヤで十分だ。

気を取り直して、スペインに入った。

ある朝、キャンプ場のオヤジに呼ばれた。

「あんたたち、今日、フランスに行くって言ってなかったかい？」

「知ってるか？　ピレネー山脈は吹雪いているぞ」

ニュースを見たら、昨夜から記録的な大雪がピレネー山脈を襲っていた。多くの車が雪に埋まり、海岸沿いの家が波に流されて大騒ぎになっていた。多くの人が死んでいた。

とても夏タイヤでお邪魔できる雰囲気ではなかったのである。

そういえば二〇一六年の十一月にピレネー山脈を越えたときも、大いに吹雪いていた。すっかり忘れていた。一月は冬なのである。

どうしよう、Ｙｕｋｏ？

雪解けを待つと、シェンゲン協定が切れてしまう。あと二週間くらいしか残っていない。となると行き先はひとつしかない。

モロッコである。

三歩進んで四歩下がる気がした。だがしかし、モロッコにはイタリア行きのフェリーがあるから、地中海クルーズも悪くない。それもなかなか楽しそうだと呑気に構えていたところ、イタリアで奇病が流行り出したのだ。

それが、コロナだった。

モロッコは早々に非常事態宣言を発令し、都市間移動を禁止。国境も閉ざした。ボクらは、楽園ランキング三位のエッサウィラから動けなくなってしまったのである。

そして思わぬ訃報が舞い込んだ。

ロシアと日本を結ぶフェリーがなくなってしまったのだ。

コロナが去ったとしても、正式に、日本に帰れなくなってしまった（貨物船は値段が高くて、勘定に入っていない）。

どうしたらいいのだろう？

なんとかならないものかと知恵を絞ったが、何も出てこなかった。

かくなるうえは、誰か助けてくれないものか、お知恵を貸してください、投げ銭くださいと、すがる思いで書き始めたのが本書である。

やがて都市間移動の禁止は解除されたが、そのころにはヨーロッパ中でコロナが猛威を振るっていて、イタリア行きのフェリーは欠航した。

原稿を書いたり、カニを茹でたり、イカを焼いたりしているうちに、二〇二一年のお正月を迎えたのである。

ちょっとタイヤを買い間違えただけで、モロッコ巣ごもり一年間である。

そしてまた季節がうつろい、春が来て、夏が去った。東京オリンピックも終わって、秋。ワクチン接種証明書がないとヨーロッパに入れないので、一二月に日本に一時帰国してワクチンを接種した。そのまま日本で年越しをして、二〇二二年。

動けなくなること二年。

東京でスタッドレスタイヤを五本も買いこんでしっかりと検品し、飛行機に積み込み、モロッコに戻った。

そして秋、ついにフェリーに乗ってイタリアへ渡ったのである。

がしかし、みなさんご存じのように、戦争が始まっていたのだった。

日本の外務省がロシアを「渡航中止勧告」に指定したので、ロシアに入ることもままならない。いったいボクらはどこへ行ったらいいのだろう?


旅を終わらせる旅が、永遠に終わりそうにない。

二〇二三年一月　クロアチアにて
石澤義裕

追伸
読者のみなさん、お元気ですか?
イタリアで車上荒らしに遭いました。
運転席の窓ガラスを割られたので、
厚紙とかプラスティックの板を貼っています。
冬の車中泊は、むちゃくちゃ寒いです。
例によって、夏用の寝袋なもので。

帰りたいけど、帰れない

← 〈ショート動画〉頑張れ Chin 号！

完全に迷子になったので、記念写真（モンゴル）

石澤義裕（いしざわ・よしひろ）
札幌市出身。
2005 年より、妻 Yuko と移住先を探して世界一周中。
スクーターや車で旅をするオーバーランダー。
海外放浪リモートワーカー歴 18 年のデザイナー。
2015 年より、軽自動車で地球横断中。
訪問した地域は 120 数カ国。
海外キャンピング・車中泊は、50 カ国以上。
海外でのスクーター、車の走行距離 20 万キロ以上。
NHK「地球ラジオ」をはじめ、
『BE-PAL. NET』（小学館）、『地球の歩き方 web』、
『The21 オンライン』（PHP 研究所）、
日刊電気通信社『アントろピテクスエレクトロ人』など
多くのメディアで旅の様子を発信。
海外に古い家を買って、リノベしながら住みたい。

■ブログ
「旅々、沈々。」
https://tabichin2.dtp.to/

■Twitter（四コマ漫画）
「Yuko@ 軽自動車で南アフリカへ行こう。」
https://twitter.com/tabichin_manga

今夜世界が終わったとしても、ここにはお知らせが来そうにない。

ノマド夫婦、軽自動車で移住先を探して南アフリカへ

2023 年 1 月 21 日　第 1 版第 1 刷発行

著　者　　石澤義裕
発行所　　WAVE出版
〒 102-0074 東京都千代田区九段南 3-9-12
TEL 03-3261-3713　FAX 03-3261-3823
振替 00100-7-366376
E-mail：info@wave-publishers.co.jp
https://www.wave-publishers.co.jp

印刷・製本　シナノパブリッシングプレス

NDC290　447p　19cm　ISBN978-4-86621-444-3